산에 사는 물고기

산에 사는 물고기

정운 스님 지음

이른아침

 머리말

늘 깨어 있고 싶다

　나는 삶을 사유하기 위하여 글을 쓴다. 그 사유는 누구나 다 갖는 일상의 파편들이다. 그 파편들은 소통을 위한 새로운 매개체이기도 하다. 시간이 갈수록 일상의 것들에 감사하고 고마워하기보다는 무념무상(無念無想)의 자리에서 누군가와 소통하기를 끝없이 갈망하게 된다.
　"수행을 먼 곳에서 찾지 말라"던 은사 스님의 가르침이 새삼 그리운 말씀으로 떠오른다. 그 말씀을 마음에 새겨두고 가끔은 놓치고 싶지 않은 것들에 대하여 이름을 붙여 '소통'을 찾는지도 모른다.
　세 번째 산문집이 나온 지 7년 만에 커뮤니티, 홈페이지, 지면에 기고한 글들을 책으로 엮었다. 분량은 좀 적은 듯하다. 그도 그럴 것이, 지난 7년 동안 글 쓰는 데 많은 에너지를 쏟지 못했다. 늦게 시작한 학문 연구에 몰두하느라 많은 시간을 보내야 했고 점점 커진 청소년 사업에 임하느라 글 쓰는 일에 마음을 쏟을 여유도 없었기 때문이다.
　시는 오래 잠들어 있더라도 꺼내 보면 그때그때 새롭게 느껴지지만 산문은 오래 묵혀두었다가는 군더더기가 될 수 있다. 대다수가 낯익은 글들일지도 모르고 어쩜 시간적으로도 뒤떨어졌을 수도 있겠지만 순간순간 삶의 사유를 글로 풀어내고자 했다.

그리고 책 표지에서부터 책 속에 삽입된 도자기·다화(茶花)·다식(茶食)·다찬회(茶餐會) 작품 사진들은 평소 틈틈이 활동하면서 찍어둔 것들이다. 전문가의 솜씨는 아니지만 나의 일상 속 생각들을 표현한 작품이기에 그 어떤 훌륭한 사진보다도 의미 있다고 생각하여 함께했다.

책 제목을 '산에 사는 물고기'라 했다. 불교에서 사용하고 있는 목탁, 목어는 물고기에서 유래했다. 물고기는 잠을 잘 때도 눈을 감지 않는데, 수행자도 이와 같이 늘 깨어 있으라는 뜻이다.

깨어 있다는 말, 이 말에는 열려 있다는 의미도 있다. 그리하여 깨어 있음이란 몸과 마음이 열려 있어 모든 것을 받아들이고 내보낼 수 있는 상태이다. 늘 깨어 있다면 일관된 사유로 마음의 평정을 찾을 수 있을 것이다.

늘 깨어 있고 싶은데 내 내면은 그러지 못했다. 뿐만 아니라 삶을 사유함에 있어서도 많은 게으름이 있었다. 이 책을 통하여 나는 이 게으름에 채찍질하고 싶다.

늘 책을 낼 때마다 어느 출판사와 인연을 맺어야 할까 망설이곤 한다. 지은이와 펴낸이와의 거래 때문이다. 거래를 넘어 돈이 되지 않을 것을 알면서도 출판을 맡아주신 '이른아침' 김환기 사장님, 책을 예쁘게 꾸며준 최진 님께 감사함을 전한다. 또한 사진 자료를 찾아준 보령시 청소년지원센터 직원과 청소년문화의집 직원 모두에게 고마움을 전한다.

이 책을 읽는 모든 독자에게 '산에 사는 물고기'라는 화두가 전해지길 바란다.

신묘년 9월에
정운 두 손 모음

 차례

머리말 | 늘 깨어 있고 싶다 4

삶을 사유하다

나 자신 안에 갇히지 말자 10
어른들부터 달라지자 12
'어떻게'와 '무엇을' 14
산에 사는 물고기? 16
올바르지 않은 부귀란 17
어머니 같은 마음 19
차를 마시기에 적당한 시간 20
이 꽃은 23
자녀에게 배우는 우화 24
행복을 만드는 일 26
어머니의 가르침 27
백두대간법 29
삶을 즐기는 기술 30
환경에 따라 마음이 흔들린다면 32
보시의 꽃 34
택시기사의 효성 36
버린다는 것 38
피서지의 낮과 밤 40
행복, 스스로 만드는 것 42

작가의 마음 45
경영 철학 47
어린이에게도 혜택을 49
찜질방 이야기 51
취업 종교 53
자비의 실천 55
포항시가 남긴 교훈 58
닭 벼슬을 천거한 사연 60
이태백 61
정토신앙으로 극복하는 자연재해 63
세배 66
공과 사 68
농담하니? 70
기운이 빠집니다 72
아, 선재동자여! 73
여름나기 75
부부의 문제란 78
배추의 속성 파악하기 80
컨테이너 법당과 백련 82

나누어 가지는 마음 85
청소년 흡연 문제 87
걸림 없는 즐거움 89
조절 능력 키우기 91
건강도 자연 그대로 92
선택에 솔직하자 94
감각을 열어두어야 하는 이유 96
부모라는 환경 99
이야기 음악 여행 101
자기 안으로의 여행 103
몰입의 체험을 나누다 105
퓨전 스님 109
한가위 만들기 111
길동무 114
우표 같은 사람 116
웰빙(Well-being)과 웰다잉(Well-dying) 119
넘치지 않는 향기처럼 121
연차 이야기 124
『발심수행장』, 내 수행의 멘토 127

자신의 이름 앞에 129
죽기 전에 해야 할 일 132
선물과 뇌물 135
깨어나라 성주사지여 138
문화에게 길을 묻다 145
스님이 그러면 안 되죠 150
영화 <아바타> 151
내 아집의 수위는 어느 정도인가 156
가까이하고 싶지 않은 사람 159
도전해라, 그러면 통한다 163
관계의 용기 168
백련 시집보내는 날 171
윤회의 탑 175
비서실에서 일어난 일 180

 차례

소통의 길을 향하여

비구니회 유럽 연수기 - 소통과 치유의 길 184
스위스 186
오스트리아 192
이탈리아 198
모나코 219
프랑스 223
소통의 길 - 유럽 연수를 다녀와서 232

정운 스님을 말하다

동문 스님을 찾아서 1 - 무념 스님 236
동문 스님을 찾아서 2 - 운문 스님 239
길 위에 길이 있다 - 노귀남 244
보령 지역 청소년들의 꿈과 희망터 - 정민철 249
선새벽에 눈을 뜨면 - 김래호 253

삶을 사유하다

나 자신 속에 갇혀 살면 다른 것을 받아들일 수가 없다.
다른 것을 받아들이지 못하면 삶을 발전시킬 수가 없다.

나 자신 안에
갇히지 말자

세 살 버릇 여든 간다고 했다. 일찍이 형성된 인격의 틀이 한 사람의 평생을 좌우한다는 말이다.

유년기나 청소년기에 받은 정서적인 충격이나 억압된 욕구. 이것들이 개인의 성격 형성에 얼마나 좋지 않은 역할을 하는가. 습관처럼 마음의 문을 닫고 사는 사람들. 자기 안에 그득한 아름다움을 드러내지 못하는 사람들.

가끔 청소년들을 만나면 하는 말이 있다. 지금의 나를 느끼고 생각하는 것만큼, 때로는 20년 후 30년 후의 내 모습을 생각해볼 필요가 있다고. 그때의 나를 위해, 지금부터 자신에게 마음껏 시간을 투자하라고. 그것은 세상 누구도 아닌 나 자신만이 할 수 있는 일. 그러기 위해, 나 자신 속에 갇혀 있어서는 안 된다고.

나 자신 속에 갇혀 살면 다른 것을 받아들일 수가 없다. 다른 것을 받아들이지 못하면 삶을 발전시킬 수가 없다.

사람들은 천성은 변하지 않는다고들 한다. 타고난 천성은 물론 중요하다. 하지만 환경에 따라 조금씩 변화할 수 있는 게 바로 천성이다. 가능한 문을 모두 열어주어야 한다. 그리하여 나 스스로 최적의 길을 선택할 수 있도록 해야 한다.

꼭 법당 안이 아니어도 좋다. 꼭 법문을 하지 않아도 좋다. 불교라는 집안에만 갇혀 있을 필요는 없다. 기본을 튼튼하게 해줄 수 있는 답을 찾아야 한다. 그 답이 우리가 바라는 '불교 백년대계'의 씨 뿌림이 될 것이다.

  한 해의 계책으로는 곡식을 심는 일만 한 것이 없고, 10년의 계책으로는 나무를 심는 일만 한 것이 없으며, 평생의 계책으로는 사람을 심는 일만 한 것이 없다.

  하나를 심어 하나를 얻는 것은 곡식이요, 하나를 심어 열을 얻는 것은 나무이며, 하나를 심어 백을 얻는 것은 사람이다.

어른들부터 달라지자

　얼마 전이다. 급한 일이 있어 사무실을 찾았다. 그날 따라 주차장은 만원이었다. 다른 주차장을 찾을 시간이 없었다. 마침 건물 정문과 인도 사이에 빈 공간이 보이기에, 잠깐이면 되겠거니 싶어 차를 댔다. 그리고 사무실에 다녀온 시간은 5분 남짓?

　누군가가 차 앞유리에 메모를 남겨놓았다.

　"사회적인 인격을 갖추신 분이 이런 곳에 주차를 하십니까? 명성에 걸맞게 행동해주시길." – 지나가는 시민

　무어라 표현할 길 없는 부끄러움. 누가 볼 새라 서둘러 그 자리를 벗어나고 말았다.

　그 사건 이후, 아무리 시간에 쫓기고 다급한 상황이라고 해도 단속에 걸릴 만한 곳에는 차를 세울 수가 없었다. 주차할 곳을 고르는 일에 전보다 훨씬 신중하게 되었다. 누군지 모를 이의 메모 한 장이 나 자신을 추스르는 데 큰 도움이 되어준 것이다.

　국민이 뽑은 국회의원, 국민이 뽑은 대통령. 우리가 믿고 선택한 지도자들. 정작 그네들이 나라 안팎에서 연출하는 아수라장을 보라. 실망스럽고 분노가 치민다. 한창 자라나는 우리 아이들이 저 모습을 보고 무슨 생각을 할까, 염려스럽다. 비단 정치인들이나 종교인들뿐이 아니다. 온갖 추악한 짓을 다 하는 어른들. 그러면서 아이들에게는 나쁜 짓 하지

말라고 한다.

  아이들은 어른을 보고 배운다. 본 대로 따라한다. 술 마시고 아내를 구타하는 아버지 밑에서 자란 아이는, 그 모습을 싫어하면서 자라지만, 어른이 되어서는 자신도 모르게 똑같은 남자가 될 확률이 크다고 한다.

  윗물이 흙탕물이면 아랫물도 흙탕이 될 수밖에 없는 게 세상 이치다. 윗물이 맑고 깨끗해지면, 아랫물도 자연히 깨끗해질 것이다.

  늘 깨어 있자.

  잘못된 나 자신을 하나하나 바로잡아가며 늘 발전해나가자. 세상의 변화를 위해, 어른들이 먼저 시작해야 한다.

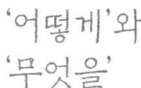

'어떻게'와 '무엇을'

고등학교 2학년 여학생 한 명이 '또래상담' 교육을 받은 후 이런 소감문을 썼다.

……처음 교육을 받기 전에는, 상담이라는 게 그저 대화하는 것이라고만 막연하게 생각했다. 하지만 상담을 받은 뒤 이런 선입견은 여지없이 깨지고 말았다. 먼저, '왜'라는 말보다 '어떻게' '무엇을'이라는 말을 사용하는 것이 마음에 와 닿았다. 그럼으로써 내가 진정으로 관심을 받고 있다는 느낌을 받을 수 있었다. '상담'이란 사람과 사람 사이를 이어주는 마음의 연결 통로와 같다고 생각한다. 앞으로는 친구와 대화를 나눌 때에도, '왜'가 아니라 '어떻게' '무엇을'이란 단어를 자주 사용해볼까 한다. 더 원만하고 발전적인 관계를 위해서 말이다.

상담의 가치와 효과란 바로 이러하다. 상대의 이야기에 귀를 기울이는 것. 자기에 대해 이야기하면서 마음의 안정을 찾고 스스로 해결책을 모색할 수 있도록 돕는 일. 대화를 통해 문제점과 해답을 동시에 발견할 수 있는 방편이다. '왜'라는 말보다는 '어떻게' '무엇을'이라는 말로 상대방 마음을 편안하게 해주자. 그러면 우리 모두 진정한 상담사가 될 수 있다.

산에 사는
물고기?

이른 아침, 오랜 도반이 찾아왔다.

직접 그린 그림 한 장을 내게 건넨다.

산 위에 사는 물고기 한 마리가 날개를 달고 하늘로 승천하려는 모습.

꽤 오랜만에 만났지만

우린 아무 말도 하지 않았다.

그 그림을 가운데 두고 말이다.

그저

향이 진한 차 한 잔을 오래 음미했을 뿐.

올바르지 않은 부귀란

그 어떤 대가도 바라지 않고 베푸는 일을, 불교에서는 무주상보시(無住相布施)라 한다. 따지고 보면 세상 모든 보시란 이러해야 한다. 대가를 바라고 베푸는 것은 진정한 의미의 보시라고 할 수가 없다. 누군가 보시라는 핑계로 재물을 건넬 때, 먼저 그 사람에 대해 먼저 살펴야 한다. 올곧은 인물이 아닐 경우, 그것은 대가를 바라는 검은 유혹이기 십상이다.

열자. 기원전 400년경 정나라에서 살았다고 전해지는 인물. 열자가 몹시도 가난하여 얼굴에 주린 기색이 완연했을 때다. 누군가 열자의 군색한 살림살이를 알아차리고 정나라 군주 자양에게 가서 말했다.

"열자는 도를 얻은 사람입니다. 그가 지금 이 나라에 살면서 매우 곤궁하게 지내고 있습니다. 만약 그런 사람을 예우하지 않는다면 세상에 좋지 않은 소문이 날 것입니다."

이 말을 들은 자양은 사람을 시켜 열자에게 곡식을 갖다 주도록 했다. 그러나 열자는 그것을 받지 않았다. 이에 아내가 탄식하면서 말했다.

"도를 얻은 사람의 아내가 되면 모두 즐겁게 사는 줄 알고 있는데 우리는 이 모양으로 배를 주리고 있습니다. 당신의 이름이 천하에 퍼져 나라에서 곡식을 보냈는데 그것마저 받지 않으니, 어찌 통탄할 일이 아닙니까?"

그러자 열자가 대답했다.

"자양은 내가 도를 얻었음을 알고 곡식을 보낸 것이 아니라 누군가의 말을 듣고 보낸 것이오. 다른 사람의 말을 듣고 남을 평가하는 사람은 남을 탓할 때도 반드시 다른 사람의 말을 들을 것이오. 그런 사람이라면 나에게 죄를 뒤집어씌울 때에도 분명 남의 말을 듣고 결정할 터라 그 곡식을 받지 않은 것이오."

그로부터 얼마 후, 백성들이 난을 일으켰다. 성난 백성들은 자양을 잡아 죽이고 그로부터 녹을 얻어먹은 사람들까지 잡아들였다. 그제야 부인은 남편의 현명한 판단에 고마워했다.

국회의원 선거가 끝난 뒤, 한 당선자가 인터뷰에서 이렇게 이야기했다.

"저는 '여자'와 '뇌물'을 멀리하는 국회의원이 되겠습니다."

평범하면서도 많은 것을 생각하게 하는 말이었다.

어머니 같은 마음

대가를 바라지 않고 오직 주고자 하는 마음을, 우리는 어머니 마음이라 한다. 이것이 자비다. 나와 남을 구별하지 않는 평등한 마음. 연민의 마음. 나누고 베풀고 기쁨과 행복을 주고자 하는 마음.

가족이나 가까운 인연에게만 국한된다면 이는 온전히 어머니 마음이라 할 수 없다. 그것은 누구라도 쉽게 행할 수 있는, 작고 좁은 사랑이기 때문이다.

좋은 말씀을 많이 접하고 풍부한 지식을 가지고 있다 한들, 따뜻한 가슴이 없어 실천으로 옮기지 못한다면 무슨 소용인가? 혼자만의 개인적이고 이기적인 삶을 살아가는 것은 어려운 일이 아니다. 반면에 더불어 나누고자 하는 어머니 같은 마음은, 이루기 어려운 만큼 고귀한 무엇이다.

'나만 잘되면 그만이지' 하는 사고방식을 가진 어른의 아이는, 아무리 번지르르한 교육을 받아도, 역시 그러한 부모의 삶을 답습할 수밖에 없다. 우리가 사는 이 사회, 이 공간이 편안해야 나도 더불어 편안해진다는 이치를 바로 헤아리자.

늘 어머니 같은 지혜의 눈을 가져야 한다.

차를 마시기에 적당한 시간

마음과 손이 다 한가할 때,

시를 읽고 피곤을 느꼈을 때,

생각이 어수선할 때,

휴일에 집에서 쉬고 있을 때,

한밤중에 이야기를 나눌 때,

달 밝은 밤에,

벗들을 방문하고 집에 돌아왔을 때,

하늘이 맑고 산들바람이 불 때,

가벼운 소나기가 내리는 날,

조그마한 나무다리 아래 뜬 배 안에서,

높다란 참대밭 속,

여름날 연꽃을 한눈에 내려다볼 수 있는 누각 위,

조그마한 서재 위에서 향을 피우면서,

손님이 돌아간 뒤,

사람 사는 마을에서 멀리 떨어진 조용한 절 안에서,

— 임어당의 『생활의 발견』 중에서

지리산 자락 무진암에서 정진하는 도반이 어제 일 삼아 햇차를 만들어 보

내왔다.

　차를 만들고 나누어 마신다는 것은 참으로 손이 많이 가는 작업이다. 그것은 일이면서, 또한 본래 차의 성질을 잃지 않은 정성이다. 바로 그 정성 덕분에 차 한 잔에 심신이 더 밝아지는지도 모른다.

　똑같은 찻잎이라도 어떤 토양에서 얼마큼의 햇살을 받았는지, 주인이 어떤 마음으로 얼마만 한 정성으로 만든 것인지에 따라 맛과 향이 다르다. 또한 어떤 날 누구와 마시냐에 따라 그 맛과 향이 다르다. 오죽하면 선인들은 이러한 차의 성질을 두고 다신(茶神)이라는 이름을 붙였을까.

　차를 무척 사랑하는 선비가 어느 날 우연히 그야말로 기가 막힌 향을 가진 차를 맛보았다. 신비로운 차의 향에 취한 그는, 해마다 그 차를 맛보기 위해 천지를 헤매고 다녔다. 그러나 일평생을 허비하고도 결국 그와 똑같은 차를 찾지 못하고 죽었다고 한다.

　세상의 어떤 차건, 내가 어떤 마음으로 차를 마시느냐에 따라 나만의 맛과 향이 느껴지는 것 아닐까. 남들이 아무리 귀하다고 한들 값비싼 것이라고 한들 필요 없다. 내 곁에 차가 있고 내가 그것을 즐겨 마실 수 있다는 것이 기꺼울 뿐.

　내가 치는 최고는 무진암의 차. 해마다 잊지 않고 차를 보내주는 그 고마운 마음 때문이다.

이 꽃은

　매일매일이 오늘이다. 365일 부처님이 우리 곁에서 동고동락하지만, 우리는 이를 느끼지 못하고 놓치면서 살아간다. 그리하여 특별한 하루를 정하고 그날만이라도 더 깊은 뜻을 이어가고자 하는 날.
　전국이 지금 연등 축제의 물결로 출렁이고 있다. 이를 어느 꽃에 비교하겠는가. 이는 삼세의 무명업식을 녹이는 지혜의 꽃, 생사고해에 벗어나게 하는 깨달음의 꽃, 모든 은혜를 갚는 공덕의 꽃이다.
　겉모습의 연등만을 밝힐 것이 아니라 매일매일 내 안의 부처님을 만날 수 있는 등불을 켜보자.
　내가 몸담고 있는 이곳에 어느 신심 있는 처사님의 원력으로 작은 연꽃 연못이 옮겨졌다. 바라만 보아도 내 온 마음은 벌써 수만 개의 꽃을 피워 장식하고 있다.
　야단법석이 펼쳐지는 날이면 만개된 모습으로 모든 불자들의 몸과 마음을 밝혀줄 것 같다.
　그래서 나는 매일매일의 오늘이 더욱 신난다. 이 꽃이 365일 피어, 늘 함께하기 때문이다.

자녀에게 배우는 우화

한 아빠가 어린 딸에게 옛날이야기를 들려주었다.

"어느 먼 나라에 임금님이 계셨는데, 죽을 때가 가까워지자 세 명의 왕자를 불러냈어. 그리고 세상에서 가장 귀한 것을 구해오는 사람에게 왕위를 물려주겠다고 말했단다. 얼마간의 시간의 지나고, 세 명의 왕자가 차례로 임금님 앞에 나타났어. 첫째 왕자는 금은보화를, 둘째 왕자는 보석이 박힌 단검을, 셋째 왕자는 어떠한 소원이든 들어주는 신비의 구슬을 구해왔지. 결국 가장 마음 착한 셋째 왕자가…….."

거기까지 듣던 딸아이가 아빠에게 반문했다.

"아빠, 임금님이 죽지 않도록 그 구슬에게 빌면 되잖아. 셋째 왕자는 착하다면서 왜 자기가 왕이 된 거야?"

욕심 없는 아이들을 가르치다가 되레 배울 때가 있다. 배움은 우리의 생활 곳곳에 무궁무진하다. 그것이 살아 있는 법문이다. 작은 깨우침이라도 생활 속 마음속 곳곳에서 일어난다면, 그보다 더 좋은 일이 있을까.

법문은 중생이 불법 속으로 들어가는 문이다. 우리 모두에게는 불성이 있다. 모든 것을 들어내고 받아들인다면, 딱히 어느 것만이 법문이라고 한정할 필요는 없을 것이다. 생활 구석구석에 무궁무진한 법문들을 놓치고 있지는 않은가? 멀리서 찾지 말자. 철없는 아이의 말이라고 무시하고 넘기지 말자. 때론 아주 작은 곳에서 더없이 큰 깨우침을 얻을 수 있다.

행복을
만드는 일

축구 경기나 선거에서, 자신이 지지하고 응원하는 팀이 이겼을 때는 모두 환호와 박수를 보내며 하나가 된다. 그러나 패배했을 때, 사람들의 마음은 둘로 나누어지게 마련이다. 화를 내고 비난을 하는 사람들과 패배한 선수들에게 위로의 박수를 보내는 사람들.

우리의 삶도 마찬가지이다. 승리를 축하하는 것은 누구나 다 할 수 있지만 패배를 위로하는 것은 아무나 할 수 있는 일이 아니다.

승리를 한 사람들의 경우, 굳이 내가 축하를 해주지 않아도 된다. 정승 집의 개가 죽으면 문상객이 넘친다는 말처럼, 사람은 모이고 또 모일 것이기 때문이다. 그러나 패배한 사람들의 경우는 다르다. 그들에게 따뜻한 위로와 격려를 보낼 수 있는 여유.

누구나 다 할 수 있는 일은 필요 없다. 눈에 보이지 않는 일, 흔치 않은 일을 즐겨 행할 줄 알아야 한다. 자기 안에 그득한 보배를 꺼내어 나눌 수 있는 힘이야말로 모든 이들의 행복을 만드는 일이다.

어머니의 가르침

일본 수필『도연초』에 이런 대목이 나온다.

마쓰노시타에 사는 호조 도키요리의 어머니는 불심이 깊고 현명한 여인이다.

어느 날, 그녀는 검게 그을린 미닫이문의 군데군데 찢어진 곳을 일일이 칼로 도려내고 새 종이를 바르는 일에 열중했다. 우연히 이 모습을 지켜본 그녀의 오빠가 의아해하며 물었다.

"어째서 하인을 시키시지 않고 손수 궂은일을 하는 것이냐?"

그러자 그녀가 대답했다.

"지시를 받고 일하는 하인의 솜씨가 나보다 나을 리 없으니까요."

오빠가 다시 물었다.

"그러나 종이를 뜯어내고 한꺼번에 바르면 편할 것을, 구멍 난 곳에만 종이를 덕지덕지 붙이는 이유는 무엇이냐?"

그녀는 가만히 미소를 지으며 대답했다.

"어떤 물건이든 손상된 곳만 고쳐 사용해야 하는 법이지요. 이를 내 아들에게 가르치기 위함입니다."

이런 어머니가 낳은 아들 도키요리는 큰 인물로 성장했다. 그러나 권력을 잡은 30세에 그 높은 자리에서 물러났다. 그리고 출가하여 유명한 스님이 되었다.

몸소 보여주는 만큼 확실한 가르침은 없다. 눈으로 보는 것보다 분명한 가르침도 없다. 백 마디의 말보다 한 번의 체험이 개인의 삶을 더 분명히 바꿀 수 있다.

'부자에게는 자식이 아니라 상속자만 있다'는 말이 있다. 내 아이에게 진정 물려주어야 할 것은 무엇인가.

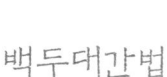

백두대간법

　인간에게 필요한 곳으로 만들기 위해 멀쩡하던 땅을 몸부림치게 하더니, 이제 지치고 힘든 그 땅들을 보호해야 한다고 '백두대간법'을 제정한다고 한다. 그것도 내년 1월부터 시행한다고 한다.
　환경, 환경……. 요즈음 여기저기에서 난무하는 말이다.
　어느 때는 개발이라는 미명 아래 환경 따위에는 관심도 보이지 않더니 이제 와서 누구의 발목을 잡자고 이런 법을 만드는지 모르겠다. 그것도 백두대간법이라는 이름으로 말이다.
　한 비구니가 천성산을 지키고자 몸부림치는 모습을 보고도 환경보호법을 제정하기는커녕 개발의 방해꾼으로 몰아붙이며 예정대로 공사를 진행해왔으면서도 굳이 백두대간법을 제정하려는 깊은 뜻은 뭘까. 단지 환경 때문일까?
　몇몇 불교계 인사가 위원회가 되어 얼마나 힘을 발휘할지는 모르겠지만 불교계의 큰 터전을 스스로 내주는 격이 아닐까 싶다.

삶을 즐기는 기술

　상호 연관성 경험, 몸과 마음의 통일, 의식의 개입, 자아 양육, 삶을 즐기기, 아름다움 창조, 감사하는 마음 기르기, 수용하는 마음 갖기, 시각의 변화, 자비심 갖기.

　정신적 치유를 위해서는 이상과 같은 요소들이 필요하다. '삶을 즐기기'란, 여흥을 찾아 나서는 게 아니라 몸과 마음의 상태를 인식하는 것이다. 몸과 마음의 상태가 유연할 경우, 즐거움을 위해 특별한 상황을 조성하지 않고도 삶을 즐길 수 있다. 있는 자체를 보고 즐길 수 있도록 나 자신을 조정하는 것이다.

　시를 짓고 꽃꽂이를 하고 들꽃 핀 길을 산책하는 등 아름다움을 창조하는 행동은 개인의 몸과 마음을 변화시킨다. 아름다움이 발산하는 에너지를 받는 것이다. 상실감에 빠져 있는 사람이 가진 내부 에너지는 무겁다. 이때 외부로부터 아름다움의 에너지를 흡수함으로써 새로운 기운을 얻을 수 있다. 아름다운 삶을 즐기는 일. 상실감 속에서도 인내할 수 있는 희망이자 비극 속에서도 활력을 되찾을 수 있는 힘이다. 아름다움이야말로 치유를 위한 최고의 촉매제다.

세계 샤카디타(부처의 딸들)대회 당시, 폴라 아라리 교수의 기조연설

<여성 불자의 정신적 치유에 대하여> 중에서 보석처럼 빛나는 구절이다.

몸과 마음이 유연할 때, 위에서 제시한 10가지 치유 방법이 한 가지 통로로 전해질 것이다. 마음의 집중 대상은 바로 우리들의 몸이기 때문이다.

환경에 따라
마음이 흔들린다면

어느 마을에 성자와 창녀가 좁은 길을 사이에 두고 살고 있었다. 먼 훗날, 두 사람은 세상을 떠나 저승길로 들어섰다. 그런데 저승사자는 성자를 지옥으로 보내고, 창녀를 천국으로 인도했다.

지옥에 도착한 성자는 화를 내며 저승사자에게 따져 물었다.

"이보시오. 나는 사람들로부터 성자로 추앙받았던 사람이오. 나를 지옥으로 보내고 저런 창녀를 천국에 보내다니, 이건 뭔가 잘못된 것이 분명하오."

명부를 확인하던 저승사자가 가소롭다는 듯 성자를 바라보며 말했다.

"저 창녀는 그대를 지켜보면서 늘 성자의 생활을 동경했소. 당신이 아침예배를 위해 꽃을 들고 가는 것을 보면서도, 그녀는 사원에 갈 용기를 내지 못하고 부끄러워만 했소. 대신 성자를 상상하면서 언젠가는 그렇게 살고 싶다고 서원(誓願)을 세웠다오. 그러나 당신은 늘 창녀를 생각하며 마음의 동요를 일으켰소. 그것이 당신이 여기 온 이유요."

겉으로만 수행을 한다고 다 수행자가 아니다. 몸과 마음을 함께 수행했을 때 우리는 그를 성자라고 한다.

속이 정화되고 여문 사람에게는 향기와 에너지가 절로 풍겨난다. 시끄럽게 떠벌이지 않아도, 주변 사람들은 자연히 그 에너지에 끌려와 가르침을 얻고자 한다.

겉모양만 수행자 냄새를 풍기는 생활인들이 많다. 어리석은 사람은 그것이 수행이라고 착각하곤 한다. 올곧은 정신으로 다져진 마음은 생활인의 거짓에 쉽게 녹아들지 않는다.

시시때때로 보이는 환경에 따라 마음이 흔들린다면 이것은 진정한 '비움'이 아니다. 진정한 비움은 사람을 참으로 맑게 하기 때문이다.

보시의 꽃

장마철이라 향기를 마음껏 품지 못하고 있지만, 그래도 꽃을 한 아름 사 들고 왔다. 비슷하게 어울리는 색깔끼리 정갈하게 꽂아놓으니 은은한 향기가 빗소리와 제법 잘 어울린다. 덕분에 또 다른 느낌이 생활 속으로 비집고 들어선다.

불교의 가장 아름다운 꽃은 '보시의 꽃'이라고 하고 싶다.

"하염없이 베풀라. 그 어떤 대가도 바라지 말고 주어라. 그리고 참아라……."

말이 아름다운 것은 다만 말이라서가 아니다. 실천이 뒤따랐을 때, 말이 가진 꽃향기는 삼천대천세계를 진동시키고도 남으리라.

나름대로 잘 키웠다고 생각했던 꽃나무가, 얼마 전 쓰러지고 말았다. 외부 환경보다는 내적인 갈등 탓이 컸다. 평안의 거름을 제대로 주지 못했기 때문이었다. 보시의 꽃을 피우는 데 부처님 말씀만큼 좋은 영양분이 있을까 싶어, 줄곧 그것만을 고집했던 내 안일한 태도가 문제였다.

쓰러지고 만 나무를 간단하게 마음 밖으로 밀어내지도 못하면서 또 다른 나무를 심어야 하는 입장. 이것이 '주지'라는 소임의 어려움이다.

보시의 꽃향기를 방 안 가득 채우기에는 장마가 너무 긴 것 같다.

택시기사의 효성

어제 서울 나들이를 했다.

용산역에서 기차를 내려 인사동까지 전철이나 버스를 이용해야 하는데, 들고 온 짐이 너무 무거웠다. 날까지 찌는 듯 더워, 택시를 이용하기로 했다. 개인 택시였는데, 편안한 인상을 가진 기사였다. 그와 이런저런 이야기를 나누게 되었다.

"경주 동국대를 졸업하고 공무원 시험을 보겠다고 서울에 올라왔거든요. 3년 동안 공부를 했는데 시험 보는 족족 낙방하고, 취직도 잘 안되더군요. 쉽게 할 수 있는 것이라 시작한 게 영업용 택시였지요. 나름대로 적성에 맞고 여러 손님들 만나는 재미도 있어 이 일을 놓지 못하고 있답니다. 몇 해 전에는 자격이 되어 개인 택시로 바꾸었지요."

힘들어 후회한 적은 없는지 물어보았다.

"대학까지 나와 겨우 택한 직업이 운전기사냐고 핀잔도 많았지요. 하지만 개의치 않았어요. 내가 좋아서 하는 일이니까. 이제 와 생각하면 아주 잘 선택했다고 생각해요. 이 어려운 시기에, 그래도 내 사업 하는 거니까요. 쉬고 싶으면 쉬고 일하고 싶으면 일할 수 있고. 다니던 직장을 그만두거나 사업 실패하고 고생하는 친구들을 보면 이보다 더 좋은 직업도 없는 것 같아요."

노모를 모시고 산다는 기사의 말이 더없이 인상적이었다.

"자랑할 소리는 아니지만 아직 홀몸이거든요. 바쁘게 살다 보니 그만 결혼할 나이도 놓치고……. 그래도 시골에 계시던 어머니를 서울로 모시고 와서 함께 지냅니다. 궁상맞은 소리 같지만 이렇게 사는 것도 즐거워요. 어머니가 몇 해 동안 중풍을 앓고 계시는데, 살아 계시는 것만으로도 자식으로서 큰 복인 것 같아요. 완쾌되는 병은 아니지만 그래도 요즘 들어 조금씩 좋아지는 것 같아 다행스럽네요."

　내내 잊히지 않는 서울 나들이였다.

버린다는 것

공연히 초조하고 불안하여 밤잠을 이루지 못하는 사람에게 "무엇이 그렇게 불안하냐?"라고 물어보면 대답은 한결같다. 이유 없이 그렇다는 것이다.

초조와 불안.

무어라 말로는 표현되지 않는 번뇌가 너무 많기에 일어나는 현상이다.

진정한 무소유는 버리는 것이 아니다. 번뇌를 여의는 것이다. 오늘의 모든 것이 변함없이 내일까지 존재하라는 법은 없다. 그런데 우리는 모든 것이 언제까지나 존재하리라는 집착을 가지고 있다. 이것이 고통을 만든다. 진정으로 버린다는 것은 지금 애착을 갖고 있는 무엇을 버리는 일이다. 한 걸음 더 나아가서 애착의 마음까지 지워버린다면, 불안 초조의 병은 만들어지지 않을 것이다.

애착의 마음을 버리는 것은 물론 쉬운 일이 아니다. 그러나 원하는 것을 줄여가는 일은 가능하리라. 원하는 것은 저마다 다르지만 노력하여 얻을 수 있는 것들과 노력하여도 실현 불가능한 것들이 있을 것이다. 어떤 것이든 지나쳐서 좋을 리 없다. 지나치다 보면 필요 이상의 번뇌가 생겨나기 마련이다.

주변 사람들이 나에게 종종 말한다. 성격이 굉장히 급한 것 같다고. 하지만 나는 인정하지 않는다. 어떤 일이 생겼을 때, 쓸데없이 많은 생각으로 시간을 낭비하는 대신 곧바로 해결책을 내놓아 일을 마무리한 뒤 또 다른 일들을 진행하는 게 내 방식인 것이다.
 온갖 생각에 갇혀 이리저리 궁리하거나 미루지 않고 버릴 것을 과감하게 버리는 지혜.
 그래서 나는 말한다. 내가 급한 것이 아니고 당신들이 느린 것이라고. 내가 원하는 것은 너무 단순하기 때문이라고.

피서지의 낮과 밤

내가 여름에 바다를 자주 가는 까닭은 남들처럼 바다를 보러 가기 위해서가 아니다. 바다에 일이 기다리고 있기 때문이다.

올해 바다에서는 예년과 달라진 피서 풍습이 심심찮게 보인다.

묵어가는 사람보다 당일로 다녀가는 사람들이 더 많고, 근사한 횟집에서 우아하게 식사를 즐기는 사람보다 백사장에 앉아서 자장면이나 피자 혹은 컵라면을 먹는 사람이 대다수다. 또 그전 같으면 백사장에 상인들이 임대하는 파라솔이 즐비했을 텐데 이제는 집에서 가지고 온 텐트나 휴대용 파라솔이 그 자리를 대신 차지하고 있다.

휴가인데, 또 아이들 등쌀에 어디 한군데는 다녀와야 하겠는데, 주머니 사정은 여의치 않으니 잠깐 와서 바닷물에 몸을 담그기만이라도 하자는 사람들이 많아졌다. 이들의 속사정을 들어보면 "살기가 어려워서"라는 대답이 돌아온다.

허나 늦은 밤, 바닷가는 청소년들의 차지가 된다. 아마도 부모에게 용돈을 타 쓸 텐데, 이들의 피서 방법은 부모들 속사정과는 달리 그리 알뜰하다고 볼 수 없다.

아무리 기호 식품이라고는 하지만 어린아이들이 담배를 피우며 술을 마시는 모습을 보면 이해에 앞서 무어라 말할 수 없는 걱정부터 앞선다. 술과 담배는 어느새 바닷가에서 청소년의 필수품이 된 것만 같아 안타까울

뿐이다.

감시 활동 중에 한마디 하면 어떤 아이들은 "당신들이 뭔데 간섭하느냐"며 대들기도 하고 어떤 아이들은 다소곳이 담뱃불을 끄는 시늉을 하기도 한다. 이러는 동안 어른들의 좋은 문화보다는 나쁜 문화가 청소년들에게 빨리 전파된다는 것을 피서지에서 더욱 실감하게 된다.

외국 어느 나라, 조그마한 도시에서는 청소년 문제가 심각하여 그 문제를 해결하기 위해 모든 청소년들에게 악기를 하나씩 주었다고 한다. 처음에는 거부반응이 거셌지만 차츰차츰 악기를 다루는 데 익숙해진 청소년들은 스스로 동아리를 만들어 작은 연주회를 열고는 했다. 그 횟수가 많아지면서 점차 그 도시는 음악의 도시로 변해갔다는 이야기다.

아직 여름밤 바닷가에서는 성인들이 만들어놓은 술·담배 문화가 청소년들 사이에 만연하다. 피서지에서도 청소년들이 자신들만의 문화를 즐길 수 있는 공간과 시설이 있다면 이들이 술과 담배와 함께 바닷가를 배회하는 횟수가 줄어들 것이다.

내가 사는 이 도시의 바닷가에서부터 청소년 문화를 만들어나가자. 어려운 일이지만 그렇게 하다 보면 이곳을 찾는 청소년들이 술과 담배보다는 그들에게 맞는 문화를 스스로 찾아 즐길 수 있게 되지 않을까.

행복,
스스로 만드는 것

중풍으로 쓰러져 한쪽 수족을 사용 못한 지 15년이 넘은 할머니가 계신다. 남편은 젊은 나이에 고깃배를 타고 바다로 나간 뒤 끝내 돌아오지 않았고, 이후로 할머니는 바닷가 항구에서 번듯한 가게 한 채도 없이 생선장수를 하면서 삶을 이어왔다. 그렇게 6남매를 대학까지 공부시켰고, 훗날 자식들은 다 객지에서 나름대로 좋은 직장에서 일하며 안정된 생활을 꾸려가고 있다.

할머니가 세원사와 인연을 맺은 것은 병을 얻기 2년쯤 전부터였다.

병을 얻은 이후로는 한 번도 절에 나오시지 않는데, 때가 되면 내게 꼭 전화를 걸어온다. 부처님 전에 공양을 올려야 하니 꼭 좀 다녀가시라는 것이다. 아무리 바빠도 할머니한테 다녀오는 일은 게을리할 수가 없다. 공양을 받아오기 위해서만은 물론 아니다.

병석에 있지만 세상 어느 것과도 바꿀 수 없을 그분의 불심. 다른 불자에게서 느낄 수 없는, 부처님을 향한 넉넉하고 강한 의지력. 한 번씩 뵙고 오면 오히려 내가 많이 배우고 돌아오는 기분이 된다.

어렵게 6남매를 키우고 분가시켰지만, 할머니는 자식들에게 의존하지 않고 한쪽 수족으로 생활하신다. 그렇다고 자식들이 노모를 몰라라 하는 불효자들은 아니다. 할머니의 의견을 존중하여 그 뜻에 따르는 것이다.

여태 혼자서 모든 것을 해결하고 살아왔는데 왜 자식의 발목을 잡느냐고

하시는 할머니.

　진정한 마음의 자유가 넘쳐흐른다. 그게 부모의 마음이다.

　팔순이 가까우신 할머니는, 이제는 스스로 죽음을 준비하고 계신다. 죽을 때 잠을 자듯이 가고 싶은데 무슨 염불을 해야 하느냐고 묻는다.

　아직도 할아버지를 잊지 못하고 계시는 분. 할아버지가 바다에 나가신 그날이 결혼기념일인데, 그날 눈을 감아야 한다는 분. 할아버지를 위해 당신 죽기 전에 꼭 천도제를 지내드려야 한다는 분.

　할머니를 보면서 종종 생각한다. 행복은 멀리 있는 것이 아니라 스스로 만들어가는 것이 아닐까.

작가의 마음

어느 날 피카소에게 소문난 부호가 찾아왔다. 그러고는 돈은 얼마든지 줄 테니까 자기의 초상화를 잘 그려달라고 부탁했다. 이를 승낙한 피카소, 단 몇 분도 안 되어 초상화를 완성하고는 고가의 비용을 요구했다.

부호는 비용에 비해 그림을 그린 시간이 너무 짧아 아깝다는 생각이 들었다. 그래서 조금만 깎자고 흥정했다. 그러자 피카소가 말했다.

"선생이 보기엔 몇 분 만에 쉽게 그린 그림 같지만, 나는 이렇게 그릴 수 있기까지 평생이 걸렸답니다."

유명 작가는 아니지만 도예에 탁월한 재능이 있는 선배에게 몇 가지 기물을 주문한 적이 있다. 쉽게 만들 수 있는 것이고 잘 아는 사이니까 저렴한 가격으로 건네겠지 했는데 생각보다 값이 만만치 않았다. 이런 내 생각을 눈치 챈 그가 내게 들려준 이야기다.

비단 돈의 문제가 아니다.

작가가 자기 작품에 일정한 가격을 매겼다는 것은, 땀과 열정과 영감으로 만들어낸 자신의 분신에 스스로 그만한 자부심을 가지고 있다는 의미이리라. 남들 보기엔 쉬운 작업, 별것 아닌 결과물일지 몰라도 말이다. 그 값어치를 아는 사람이 작품을 구입했을 때, 아마도 작가의 기쁨은 두 배가 될 것이다.

"스님. 죄송하지만 제가 보기에 너무 쉽게 하는 기도고 염불인데, 기도비가 너무 비싼 거 아닌가요?"

만약에 어느 불자가 나를 찾아와서 이렇게 흥정을 붙인다면 어떨까. 그때 나는 피카소나 그 선배처럼, 그렇게 쉽게 기도하고 염불하기까지 30년을 수행했노라고 자신 있게 대답할 수 있을까.

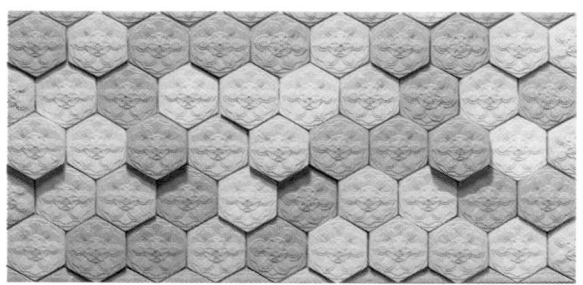

경영 철학

　물건을 구입할 때, 내용물을 직접 확인하지 않고는 구입을 망설이게 된다. 특히나 고급스럽게 포장된 물건은 더더욱 그러하다. 겉치레는 화려하지만, 막상 포장을 풀어보면 정작 알맹이가 값어치를 못하는 경우가 더러 있기 때문이다.

　장사하는 불자들을 만나면 내가 늘 하는 말이 있다.

　"눈앞의 이득에 급급하다 보면 내일이 보이지 않습니다. 부디 멀리 내다보는 안목을 가지세요."

　얼마 전 충남 공주에 연꽃 생태 공원이 생겼다기에 이 지역 스님들과 함께 길을 나선 적이 있다. 이런 경우 사전에 도시락을 준비하기도 하는데, 그날 따라 시간이 없어서 빈손으로 움직이게 되었다. 마침 점심시간이 되어, 인근에 계시는 도반 스님께 전화를 드렸다. 그러나 출타 중이시라며 괜찮은 한정식 식당을 소개해주시는 것이었다.

　일러준 대로 찾아갔지만 첫눈에 실망스러웠다. 얼마나 형편없는 식당인지, 한창 밥때인데 손님 한 명 안 보이고 파리만 날리고 있는 것이었다.

　인기척을 들었는지 주인이 쫓아 나왔다. 매주 일요일에는 휴업을 한다고 공손하게 머리를 조아렸다. 그제야 썰렁한 식당 분위기를 이해할 수 있었다. 알겠다고 뒤돌아 나오는데, 주인이 우리 앞을 가로막는 것 아닌가.

　"지금 막 아이들과 함께 점심을 먹으려던 참입니다. 부담 갖지 말고 함께

드시지요, 스님."

 생면부지 주인의 안내를 받아, 우리 일행은 얼떨결에 안채로 갔다. 그러고는 점심공양을 융숭하게 받았다. 끝내 고집을 부리는 바람에 식사비는 드리지도 못했다. 폐만 끼친 것 같아 죄송했고, 또한 더없이 고마운 마음이 들밖에.

 부러 내 집에 찾아온 손님을, 비록 휴업 중이지만 되돌려 보낼 수 없다는 인간적인 경영 철학. 눈앞의 이득만을 생각하는 장사꾼이었다면, 그러한 대접을 받을 수 있었을까?

 훗날 이야기를 들어보니, 아무리 불황일 때에도 그 식당에는 손님이 끊이지 않는다고 한다. 지당한 노릇이리라.

 현대무용을 전공한 주인은 딸아이가 다니는 무용학과에 강사로 출강 중이고, 후일 기회가 된다면 딸아이와 함께 요가 명상센터를 운영하는 것이 또 하나의 꿈이라고 한다. 일요일마다 휴업을 하는 것은 기독교인이기 때문이었다.

 참 오랜만에 진정한 하나님의 제자를 만난 듯했다. 머지않아 그곳에도 아름다운 연꽃 향기가 피어나지 않을까?

어린이에게도 혜택을

세상의 어떤 행사건, 참여하는 청중이 없다면 그 의미는 크게 퇴색할 수밖에 없다. 청중이 많다고 해도 더불어 자발적으로 참여한 이들이 아니라면 마찬가지다. 자발적으로 청중이 모였다 해도, 주제와 다른 강의를 한다면 호응을 얻기는 힘들 것이다.

성공적인 행사를 치르기 위해, 행사 관계자들은 몇 개월 전부터 전체적인 계획을 짜고 주제에 맞는 강사를 섭외하고 청중을 동원하는 등 작업을 벌인다. 하지만 절대 쉬운 일이 아니다.

행사와 맞물려 늘 느끼는 것 하나.

유치원이나 놀이방에 보낼 수 없는 아이를 가진 젊은 어머니들 가운데, 여러 행사에 참석하고 좋은 강연을 들으며 견문을 넓히고 싶은데 마땅히 아이를 맡길 데는 없어서 고민 끝에 아이를 데리고 오는 경우가 있다.

아이가 얌전히 있어주면 좋은데, 그렇지 않아 주변 사람들한테까지 피해를 주는 상황. 어머니들은 그들대로 노심초사 전전긍긍 주변 눈치를 보기에 바쁘다.

이제는 우리의 문화도 달라져야 한다. 적어도 강연회가 열릴 만큼 큰 건물에는 아이들이 즐기고 놀 수 있는 탁아시설이 있어야 한다. 또한 행사가 끝날 때까지 아이를 돌봐주는 직원을 한 사람쯤 배치하는 서비스가 필요하다.

건물을 지을 때 주차시설이 필수인 것처럼, 어린이 이용자들을 배려하는 복지시설이 갖추어지지 않은 경우에 준공 검사를 해주지 않는 방법은 어떨까.

 어머니의 손을 잡고 함께 갔던 추억을 기억하면서 그 아이도 자라 어머니가 되어 아이의 손을 잡고 찾아갈 수 있는, 가족의 정이 살아 숨 쉬는 문화 공간들.

 청소년 문제를 근본적으로 해결하기 위해서는 이처럼 작은 문제부터 해결해나가야 할 것이다.

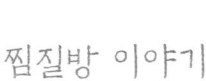

찜질방 이야기

　현대인의 생활 방식에 맞춘 목욕 문화가 우리 삶 속에 밀접하게 파고들고 있다. 그중에서 찜질방에 대해 이야기하고자 한다.
　찜질의 사전적 정의는 신체의 일부분에 온열 또는 한랭의 자극을 가해 질병을 호전시키거나 통증을 경감시켜주는 요법이다. 물론 일상생활에서 쌓인 피로를 풀기 위해 찜질방을 이용하는 것에 이의를 제기하는 것은 아니다. 다만 찜질방이 본래의 취지와는 달리 퇴폐적 공간으로 전락하고 있음에 문제가 있다는 것이다.
　도회지는 어떠할는지 모르지만 요즈음 조그마한 도시의 찜질방은 청소년들의 공개된 혼숙 장소가 되어버렸다. 즉 남녀 청소년들이 만남의 장소로 이용하고 있다. 그들은 함께 밤을 지새우며 주변 사람들의 시선은 아랑곳하지 않는다. 통탄할 일이다. 하지만 그들만 나무랄 일이 아니다. 청소년들이 이곳에 와야 하는 이유가 뭘까? 곰곰이 생각할 부분이다.
　법적으로는 청소년들이 야간에 찜질방을 이용하지 못하도록 규정하고 있지 않다. 그래서 그들이 찜질방에서 밤새도록 무엇을 하든 어떤 단속도 할 수 없는 것이 현실이다. 그렇다면 어른들은 어떻게 생각하고 있을까?
　부모들은 찜질방에 간다고 하면 아무런 의심 없이 보내줄 것이다. 그곳에서 누구랑 어떻게 지내고 오는지도 모르는데 말이다.
　찜질방 업주들도 마찬가지다. 목욕탕에 목욕 오는데 뭐가 잘못이냐고 말한다.

얼마 전 이곳 학교상임위원회에서 이 문제의 심각성을 토론하여 대책을 논의한 적이 있다. 민박집이나 여관에서는 청소년이 혼숙하지 않도록 지도하고, 혼숙한 일이 발각될 경우 업주가 법적인 조치를 받게 되는데, 찜질방에도 하루 빨리 이런 일들이 가능하도록 법적인 근거를 마련해야 한다.

하지만 무엇보다 우선 부모가 좀 더 아이에게 관심을 가지고, 다른 문화를 즐길 수 있도록 지도한다면 청소년들의 퇴폐적인 문화는 사라지지 않을까 싶다.

취업 종교

낯선 아주머니 한 분이 예고도 없이 이웃을 앞세워 나를 찾아왔다. 딸이 간호대 졸업반인데, 동국대병원에 취업을 하려고 하니 추천서를 좀 써달라는 것이었다. 단순한 추천서가 아니었다. '불자가 아니면 취업을 할 수 없도록' 명확한 기재가 필요한 내용이었다. 수계년도, 제적본사, 신도번호 등등…….

나는 더 볼 것도 없이 거절했다. 이런 식의 거짓 추천서를 써줄 수는 없다고. 그랬더니 부처님께 삼배 한 번 드린 적이 없다는 이 아주머니가 통사정을 한다.

"다른 아이들도 다 이런 방법으로 추천을 받아 서류를 냈대요. 왜 스님은 안 되는 건가요? 다시 한 번 생각해주세요."

하지만 아니 되는 일은 아니 되는 일이었다.

"지금 당장은 서운할지 모르지만, 좀 더 깊이 생각해주세요. 요즘은 전산망이 좋아서 이런 가짜 추천서는 금방 가려낼 수 있답니다. 어차피 서류심사에서 통과가 안 될 거예요."

알아듣게 타일러서 돌려보냈지만 마음은 편치 않았다. 인정머리 없는 스님이라는 둥, 아이의 장래가 걸린 일인데 성격도 참 꼬장꼬장하다는 둥, 뒤에 가서 헐뜯는 소리들이 벌써부터 귀에 들리는 듯했다.

크고 작은 단체 속에 이른바 '취업 종교인'이 많다는 소식을 들은 적 있다.

자기가 필요할 때는 불교도가 되었다가, 경우에 따라서는 기독교도가 되었다가, 때로는 무종교로 살아가는 이들. 특히 종립학교나 종립병원은, 불자가 아니면 취업이 되지 않도록 철저히 가려낼 필요가 있다. 코드가 맞지 않는 이들을 직원으로 뽑아서 어떻게 마음을 모을 수가 있단 말인가.

취업 종교인에게 쉽게 추천서를 써주시는 스님들은 잊지 말아야 한다. 자신의 잘못된 결정으로 젊고 유능한 불자들의 취업문이 좁아진다는 사실을.

나는 종립단체를 운영하는 것은 아니지만, 직원을 뽑을 때 종교란에 자기의 종교를 떳떳하게 기재할 수 있는 젊은이에게 우선적으로 점수를 준다. 타 종교인이 지원을 했을 때, 종교가 다른데 함께 일할 수 있겠느냐는 질문을 던져 그 대답으로 됨됨이를 평가하기도 한다.

부모님이 불자라서, 그래서 자기는 확실한 종교는 없지만 불교 쪽에 가깝다고 주장하는 젊은이들이 적지 않다. 이런 현상은 무엇을 의미하는가? 우리 불교가 심도 있게 청소년 불자를 키워내지 않고 있다는 산 증거다.

거짓으로 이득을 얻기보다, 있는 그대로 자기 소신을 떳떳하게 밝힐 줄 아는 것. 불자이건 아니건, 모름지기 젊은이라면 이러한 정신을 가져야 할 것이다.

자비의 실천

지인의 소개를 받고 왔다며 낯선 신사 한 분이 사무실로 나를 찾아왔다. 연말에 어려운 청소년들을 돕는 데 써달라며 봉투 하나를 내미는 것이었다. 큰돈은 아니었지만 그 어느 때보다도 가슴이 뭉클했다.

그는 독일에서 여행사를 운영하고 있다고 했다. 그동안 치열한 경쟁 속에서 살아남기 위해 열심히 일만 하며 살아왔고, 그러다 보니 다른 곳으로 눈과 마음을 돌릴 여유조차 가지지 못했다는 것이다.

몇 해 전 암 수술을 받고 난 뒤부터는 삶의 방향을 바꾸고 싶은 생각이 들었다며, 1년에 한 번은 고국으로 돌아와 사회복지 시설 등에 작은 마음을 베푼다고 했다. 이름을 알리고 싶어서가 아니라 신앙으로 얻은 느낌을 실천하고 싶은 이유에서.

"마음의 평정을 찾지 못할 정도로 욕심이 지나쳤던 것 같습니다. 종양도 그래서 생긴 거라고 믿고 있습니다. 그 종양을 수술로 제거했지만, 이제 좋은 에너지를 만드는 방향으로 삶을 전환시킬 생각입니다. 그렇지 않았다간 육체의 병보다 마음의 병이 더 치유하기 힘든 숙제로 남을 테니까요."

기독교 신자인 그가, 아무리 지인의 소개라 하지만 불가에 몸담은 내게 성금을 내밀다니.

종교에 대한 벽조차 존재하지 않는 그에게 박수를 보내고 싶다.

주변을 돌아보면 이처럼 큰 병에 걸렸다가 생사의 갈림길에서 건강을 되찾은 뒤, 새로 받은 인생을 선하게 살고자 마음먹은 이들을 종종 볼 수 있다. 하지만 그 결심이 오래가는 경우가 그리 많지 않아 안타깝다. 이유는 간단하다. 오랫동안 훈습되어온 업력에 끌려가기 때문이다.

그 업력과의 싸움에서 이겨내야 한다. 그리하여 남은 인생을 사회에 환원하겠다는 마음을 실천해야 한다. 이로 인해 삶의 방향이 전환된다면, 그보다 더 좋은 삶의 보약은 없을 것이다.

무릇 자비란 무엇인가? 자(慈)는 최고의 우정을 뜻한다. 모든 사람에게 평등한 우정을 갖는 것이다. 비(悲)는 중생의 괴로움에 대한 깊은 이해, 동정, 연민의 정을 나타낸다. 결국 자비는 '중생에게 행복을 베풀며 고뇌를 제거해주는 것'을 가리킨다. 이러한 자비의 방향을 어떻게 잡아야 할지, 어떻게 하면 더불어 더 넓은 공감대를 형성해갈 수 있을지, 우리는 끊임없이 고민해야 한다.

12월이면 자비를 표방하는 모금 활동이 여기저기에서 난무한다. 1년 중 유독 12월에만 왜 더 그래야 하는지, 많은 의구심이 생긴다. 한 해를 마감하는 의미에서의 일시적인 행사치레라면 달리 생각할 필요가 있다. 모금된 돈이나 물품이 12월에 몰려 시설로 전달될 경우 나머지 11개월과의 불균형으로 인한 곤란을 언젠가 겪게 되지 않을까?

베푸는 기도는 멀리 있는 것이 아니다. 부처 또한 멀리 있지 않다. 자비를 행할 때, 그것이 기도이며 그 대상이 바로 부처다. 그만큼 여일해야 한다. 꾸준해야 한다.

어떻게 베풀 것인가.

그 화두는 스스로 풀어가야 할 것이다.

포항시가 남긴 교훈

어제는 올 한 해의 마지막 프로그램인 '또래상담' 캠프를 대천해수욕장의 요나 성당에서 진행했다.

웬 성당이냐고?

여기저기 캠프를 벌일 만한 시설은 주말이라 이미 예약이 끝난 상황. 담당자가 장소 문제로 고민하기에 내가 적극 추천을 한 게 그곳이었다.

예전에 시인들의 문학 세미나가 그 성당에서 열려 방문한 적이 있다. 수련시설이 아주 잘되어 있어서 감탄이 절로 나올 정도였다. 우리 불교계는 언제쯤 이런 곳에 이런 수련시설 하나쯤 갖출 수 있을까, 부럽기까지 했다.

시장 개인의 종교 문제로 인해, 이즈음 포항에서는 기독교와 불교 간에 작은 종교전쟁이 일어나고 있다. 잘못된 인성과 독선적인 종교 편향 때문에 빚어진 일들이다.

성당에서 열린 불자 캠프. 이 기이한(?) 공간에서 만나게 된 어느 청소년에게 넌지시 물었다.

"나는 저 십자가를 보아도 아무런 반감이 안 들거든. 그런데 어째서 기독교인들은 절 만(卍)자만 보면 본능적으로 거부감을 나타내는지 모르겠어. 네 생각은 어떠니?"

다양한 종교적 환경 속에서 자라나는 청소년들이 혹시라도 편협한 마음을 가지고 있지 않은가 염려되었던 것이다. 질문을 받은 그 아이가 말했다.

"내가 믿는 종교가 소중하면 다른 종교도 성스럽고 소중하겠지요. 서로 존중해야 하는 것 아닌가요?"

빙그레 미소가 절로 지어졌다. 비록 이네들에게 불교적인 가르침을 전하지는 않았지만, 나름대로 균형 잡힌 가치관이 서 있구나 싶어 뿌듯했다. 아직 어린 청소년들도 이만큼 성숙한 의식을 가지고 있는데, 어른들은 왜 그럴까.

하나만 보지 말자. 전체를 바라보아야 한다. 그 전체 속에 우리 것을 찾고 만들어가야 한다. 바르게 판단하고 볼 줄 아는 인성을 키우는 데 투자를 아끼지 말아야 한다.

닭 벼슬을 천거한 사연

한서외전(漢書外傳)에 나오는 설화 한 토막.

중국 노나라 애공 때 전요라는 신하가 있었다. 애공이 간신들의 무리에 놀아나서 국사를 그르치자, 보다 못한 전요는 자신의 자리를 내던지고 그 자리에 닭을 천거했다. 의아한 애공은 어찌 벼슬자리에 사람 대신 닭을 천거하느냐고 물었다. 이에 전요가 대답했다.

"닭은 머리에 관을 썼으니 문(文)이요, 다리에 발톱이 있으니 무(武)요, 적 앞에서는 물러나지 않고 싸우니 용(勇)이요, 모이를 서로 나눠 먹으니 인(仁)이요, 밤을 지키며 때를 어기지 않고 알리니 신(信)이라. 그리하여 오덕을 갖춘 닭을 천거하는 바입니다."

2005년 을유년.

닭보다 못한 이들이 벼슬을 얻어 눈이 멀고 지혜를 잃어 지금 방황하고 있다. 같은 시각 지구촌은 자연이 주는 재해에 몸부림치고 있는데 말이다.

이태백

'이태백'이라는 슬픈 신조어가 생겨난 지 오래다.

20대 태반이 백수.

취업난시대를 조소적으로 빗댄 이 단어에 웃을 수조차 없는 현실이다. 무엇보다 백수라는 말이 참으로 안타깝다. 사회적으로 다양한 경험이 없는 20대들을, 단지 발 빠르게 취직하지 않았다고 해서 백수 건달로 몰아세우다니. 이 사회는 그들의 희망과 용기마저 꺾어버리려는 것인가?

우리 사회에는 고학력자들이 너무나 많다. 고학력자들이 갈 수 있는 자리에는 한계가 있으며, 이들 고학력자들이 너나 할 것 없이 모두 그 자리를 원하고 있는 상황.

한 단계 눈을 낮추어보자. 일자리가 전혀 없는 것은 아니다. 환경과 조건이 기대만 못하더라도, 적응할 수 있는 마음가짐을 우선 가져야 한다. 차근차근 일을 배워 몸담은 직장을 윤택하게 빛낼 지혜를 발휘하고, 그 힘을 다시 사회로 환원한다면, 그보다 더 좋은 직장이 어디 있겠는가.

좀 더 나은 조건과 대우를 계속 따지다 보면, 결국은 더 큰 기회를 놓치게 된다.

취업난에는 결정적인 이유가 있다. 그 이유는 본인이 찾고 해결해야 한다. 스스로 백수라고 자칭하면서 시간을 낭비하지 말아야 한다.

나와 함께 일하는 파트너 역시 전문대를 졸업한 전직 이태백이었다. 전공을 살릴 좋은 일자리가 나면 서울로 올라가려고 기회를 살피던 그에게, 고향의 청소년들을 위해 함께 일해보자고 권유했었다. 좋은 자리가 나면 언제든지 가도 좋다는 조건을 달고.

그는 열심히 일을 배웠다. 그리고 시간이 지날수록, 기회도 오지 않는 일자리를 기다리기보다 지금 이 자리를 주업으로 삼아야겠다는 확신이 커지는 눈치였다. 결국은 야간대학에 편입해서 대학원 공부까지 마쳤다. 그리 많지도 않은 월급을 받았지만 불평 없이 자기 자신을 만들어간 것이다. 지금 그는 이 지역 청소년 교육 분야에서 없어서는 안 될 인물이 되었다.

모든 것은 자신의 생각이고 의지다. 자신은 자신이 만들어가야 한다. 주변 환경은 필요 요소일 뿐, 나 자신을 결정해주는 절대 요소는 아니다.

일할 자리가 없지 않건만 좀처럼 일자리를 찾지 않는 젊은이들을 보면, 왠지 자신을 사랑하지 않는 사람으로 보인다. 용기 없는 사람, 게으른 사람으로 보인다.

남들이 선호하는 직장보다는, 내가 내 능력을 창조해나갈 수 있는 일을 찾아야 한다.

찾으라. 내 것으로 만들라. 누가 나를 선택해주길 바라지 말고 내가 먼저 선택해라. 그러면 이태백 신세를 면할 수 있을 것이다.

정토신앙으로 극복하는 자연재해

롤랜드 에머리히 감독의 <투모로우>(2004)는 환경오염으로 인한 극한의 기상 악화 속 인간의 처절한 사투를 그린 SF영화다. 기상 이변으로 빙하가 녹아 해류가 바뀌며 지구 전체가 얼음으로 뒤덮인다는 것이 이 영화의 주된 설정이다. 도심을 휘젓는 허리케인, 모든 것이 얼어붙는 기온 급강하, 해일과 태풍 등 자연재해들. 그 앞에서 속수무책으로 당하는, 한갓 미물에 불과한 인간들.

영화를 보고 난 뒤 이런 생각을 했다. 과연 그런 날이 올까. 인간의 상상력으로 과장한 영화 속 이야기일 뿐이겠지. 지금은 아닐 거야. 먼 훗날에는 또 어떨지 모르지만.

그로부터 몇 개월 뒤. 내 안일한 생각을 완전히 뒤엎는 일이 실제로 일어났다.

2004년 12월 26일 일요일. 평화롭던 인도네시아 해안 마을.

나와 함께 공존하는 지구촌 한 지역에서, 인간의 힘으로는 도저히 막을 수 없는 재앙이 벌어지고 말았다. 바다가 바다의 자리를 차버리고 미친 듯이 육지를 침범해온 것이다. 그 속의 인간들은 대응할 준비조차 못한 채 떠밀리고 떠밀리며 개미처럼 물속에 잠기고 말았다.

순식간에 지진해일(쓰나미)이 지나간 자리.

살아남은 자들의 비극은 더욱 가혹한 방식으로 진행되었다. 참으로 가슴

아픈 일.

　영화 <투모로우>의 포스터에는 다음과 같은 카피 문구가 적혀 있다.
"깨어 있어라, 그날이 다가온다!"
　옳은 말이다. 깨어 있어야 한다.
　깨어 있다가 다가오는 재난을 막아내자는 말이 아니다. 바다와 대지가 분노하지 않는 정토(淨土)를 만들겠다는, 진정한 깨어 있음이 필요하다. 정토를 가히 발원해야 한다. 원효의 『아미타경소』에 나오는 말이다.

　　금으로 된 묘한 연못에서 목욕을 하면 곧 태어남이 있는 번뇌의 씨앗을 버리게 되고, 목으로 된 나무들과 향나무 수풀을 거닐면 곧 죽음 없는 성스러운 과보를 향하는 것이다. 더욱이 부처님의 광명을 보고 무상의 경지에 들어가고 하늘의 법음을 듣고 태어남이 없는 법을 깨달은 것이다. 그런 뒤에 회향문으로 나와서 생사의 동산으로 고삐를 돌려 수풀을 쉬게 한다. 한걸음도 움직이지 않는 널리 시방세계에서 즐겁게 지내며 한 생각도 일으키지 않고 끝없는 삼세에 두루 자취를 드러낸다. 그 즐거움이 되는 것은 가히 헤아릴 수 없거늘 극락을 말하는 것이 어찌 헛된 것이라 하겠는가.

정토에는 자연과 생명이 청정하다 했다. 자비와 은혜가 쉼 없이 일어나고 마음이 편안하고 즐거운 세계라 했다. 이번 사태로 고통받고 있는 15만 명 이상의 죄 없는 사람들. 이들에게 우리가 가진 것을 나누어주어야 한다. 목숨을 잃은 이들 모두 정토에 왕생하길 발원해야 한다.

극락정토란 밝고 깨끗한 땅, 번뇌와 윤회가 없는 세상이다. 번뇌가 있는 중생이 사는 곳이 예토(穢土)라면 번뇌가 없는 불보살이 사는 곳이 정토다. 다시는 자연의 재앙 앞에 무기력한 인간이 되지 않도록 온 마음을 쏟아야 한다. 손에 손을 잡아 마음을 모아준다면, 남아 있는 자들이 새로운 삶을 얻을 큰 버팀목이 될 것이다. 또한 준비 없이 죽음을 맞이한 망자들은 구천을 헤매지 않고 극락정토에 태어날 것이다.

지금 이 시간, 나눔만큼 아름답고 빛나는 것은 없을 것이다. 크고 작은 것과 상관없이 남보다 덜 가지고 더 가진 것과는 상관없이 나눔의 실천은 바로 부처님의 마음이며 가히 정토에 나기 위한 큰 발원이다. 발원의 모양이 사람마다 다르다 할지라도, 그 마음을 낸다는 것 자체가 무량수불이며 아미타불이며 정토다.

지율 스님의 고행도, 바다와 대지가 분노하지 않는 정토를 만들겠다는 원력 때문일 것이다. 보고 듣고 있자면 마음이 매우 아프다.

- 《월간 붓다》 2005년 2월호

세배

자칭 불자라고 한다면 새해 아침, 우선적으로 해야 할 일이 있다.

먼저 조상님께 차례 상을 올리고, 집안의 어른께 세배를 한 뒤, 부처님 전에 나서는 것이다.

부처님께 한 해의 서원을 굳건히 세배 올리는 것.

온 가족이 함께라면 더 말할 나위 없으리라.

극히 상식적인 일이건만, 많은 불자들 중에 이를 행하는 이들은 극소수다. 사찰에서 정해준 정초기도 날짜에 맞추어 다녀갈 뿐. 왜일까? 온 가족이 함께 내가 섬기고 정신적 지주가 되어주시는 분께 새해 인사를 올린다는 마음을 다시 한 번 되새겨볼 필요가 있다.

이번 설에, 오래 기억될 세배 장면을 보았다. 초등학교 3학년 현택이의 세배다.

대불련 출신인 현택이의 엄마는 기독교 집안으로 시집갔지만 남편과 시부모님께 나름대로 종교의 자유를 선언하고 사찰을 찾는 이다. 불교 유치원에 보낸 덕분에 아들 현택이는 엄마보다 먼저 반야심경을 외운다. 부처님께 108배를 올려야 한다며 절에 가자고 조르는 현택이 때문에 엄마는 어쩔 수 없이 두 아들을 앞세우고 세배를 왔다. 누가 시킨 것도 아닌데 법당에선 초등학생과 유치원생, 그리고 그 엄마가 나란히 절하는 모습. 참으로 아름다웠다.

"현택이를 임신했을 때, 큰스님 법문 테이프를 많이 들었거든요. 그게 태교가 된 것 같아요."

현택이 엄마의 아들 자랑(?)도 유난히 예뻐 보였다.

어린 불심을 키워나가는 일. 어린이 법회에서 청소년 법회, 대학생 법회를 지나 일반 법회까지. 그 과정을 물 샐 틈 없이 탄탄하게 이끌어가는 것들은 일선 지도자들의 몫이다. 그것을 든든히 뒷받침할 시스템은 불교계가 갖추어야 한다. 올해 초 부처님께 드리는 나의 첫 번째 세배는 그러한 내용이었다.

불자들이여, 특별한 날이 오면 혼자서만 절을 찾지 말자. 가능한 한 온 가족이 함께 부처님을 뵙도록 하자.

공과 사

청소년문화의집 위탁 운영에 관한 심사가 오늘 있었다. 사업 설명 도중, 한 심사위원이 내게 이런 질문을 했다.

"특정 종교단체가 공공시설을 위탁받으면, 그 속에서 종교적인 행위가 이루어질 수 있지 않나요?"

물론 나올 수도 있는 질문이다. 그러나 안타까웠다. 심사위원으로서 그가, 전체와 개인의 일을 명확하게 구별하고 있는 것일까.

기독교인인 서울시장이 서울시를 하나님께 봉헌하겠다고 하고 기독교인인 포항시장이 포항시를 하나님께 바치겠다고 한 발언들. 그리하여 불교인들은 물론 일반 무신론자들로부터도 큰 비난을 불러일으켰던 일들. 바로 이것이 공과 사의 문제다.

청소년이 좋고 그네들과 함께 배움을 나누는 일이 좋아, 그 일들을 안에서 해결할 수 없어 밖으로 찾아 나서다 보니 이런 오해를 종종 받는다. 이러한 이해 부족의 색안경 때문에 선의로 시작하는 일이 더디어질 때가 있으니 참 안타깝다.

무릇 지도자라면 공과 사를 분별하는 명확한 판단이 서 있어야 한다. 그러나 현실은 그렇지 않은 모양이다. 불교의 이름으로 건물 하나 세우는 것도 이렇게 힘든 세상이니.

종단의 청소년 포교는 늘 이론만 무성할 뿐이다. 본사마다 청소년들을 위한 문화공간이 있어서, 그 속에서 부처님 이야기로 마음껏 꽃을 피울 수가 있다면 얼마나 좋을까.

개인적인 소원과 진정한 원. 所願과 願의 의미는 다르다. 소원이 내 개인적인 이득을 갈구함이라면, 원은 나와 남이 더불어 하는 기도다.

모든 이익을 내 이득으로만 채우지 말고 그 이득을 다시 사회로 환원할 줄 알아야 한다. 이야말로 붓다가 중생들에게 일러주는 회향의 의미다.

– 2005. 2.

농담하니?

"불교 동아리 가입할래?"
"농담하니?"

어느 대학교의 불교 동아리방을 취재한, 이런 대화로 시작하는 기사. 참으로 씁쓸했다. 말만 무성한 청소년 포교의 현실에 직면한 기분이었다.

어쩌면 내 입장도 크게 다르지 않으리라. 많은 청소년들을 만나고는 있지만 승복을 입고 나서는 것 외에는 불교의 색깔을 마땅히 드러내놓을 수 없는.

12년 전에 어린이 법회 문을 닫았다. 곧 재정비하여 다시 시작해야지, 하는 마음만으로 이래저래 미루어왔던 일. 2005년 1월부터 그 무거운 마음을 조금은 달래게 되었다. 불교에 뜻있는 청소년들을 모집한 것이다.

'진정으로 중요한 무엇'을, 사찰 밖이 아닌 사찰 안에서 시작해야겠다는 마음에서 말이다. 한 달에 한 번만이라도 시간을 내어 불교 공부를 해볼 계획이었다.

첫 모집에 20명 정도가 모여들었다. 나이에 제한을 두지 않았다. 중고등학생부터 대학생까지. 호응은 괜찮았다. 모임이 있는 법회 날이면 타 지역으로 공부 갔던 아이들도 선후배들을 만나기 위해 참석했다. 처음에는 가장 기본적인 것들, 예절이나 불교 상식 등에 대해 이야기를 나누었다. 법회가 끝나면 그들만이 웃고 떠들고 자유롭게 토의할 수 있는 자리도 마련했다.

　이런 분위기가 자리를 잡으면, 예전의 엄격하고 딱딱한 법회 형식을 떠나 아이들 눈높이에 맞는 프로그램으로 발전할 수 있을 것이다. 앞으로는 청소년들 사이에 이런 대화가 오갈지도 모른다.

　"불교 동아리 가입할래?"

　"그래 좋아."

　대학생들을 불교의 넓은 품 안에 포용하려면, 전국 사찰의 주지 스님부터 앞서 생각을 열어야 한다. 찾아오기를 기다리지 말고 다가가야 한다. 부지런한 주지 스님들이 많이 계실수록, 세상에 연꽃 향기가 더욱 진해질 것이다.

기운이 빠집니다

종회의 부정 비리에 관한 우편물들이 연이어 날아들고 있다. 발신자가 누군지, 들어본 적도 없는 이름뿐이다. 이런 일들이 또 일어나고 있구나.

내게 이런 투서들이 날아드는 이유가 무엇인가. 종단이 이렇게 썩어가고 있으니 연꽃처럼 그 오염된 물을 정화시킬 수 있도록 더 열심히 수행하라는 의미인가. 정말로 기운이 빠진다. 몇 사람의 잘못된 개인주의적인 사고로 인해, 또 전체를 싸잡아서 뒤흔들어대는 분위기. 이 틈바구니에 홀로 서 있는 외로움을 어떻게 표현하면 좋을까.

종회와 총무원 윗자리에 앉아 계시는 분들. 물론 정책적으로 종단의 발전을 위해 나름 노력하고 계시리라 믿는다. 하지만 그들이, 일선에서 신도들을 상대하며 개인적으로 홀로서기에 열중하는 수행자의 피나는 노력을 얼마나 헤아리고 있을까? 진창 속에서도 피나는 노력을 하는 수행자가 있기에 한국의 불교가 이만큼이라도 버티고 있음을, 그들은 과연 알고 있을까? 정치적인 싸움에 온 종도가 혼란에 뒤엉키다니, 안 될 일이다. 그동안 쌓아온 노력이 제자리로 돌아가서도 안 될 일이다.

이제는 물질 앞에서 좀 더 성숙해져야 한다.

그 많은 돈들이 어디서 어떻게 사용되는지 모르겠지만, 이제는 불교의 백년대계를 위해 공심(公心)으로 펼쳐져야 한다. 나 같은 수행자들이 실망감에 사로잡히는 일이 다시는 없었으면 하는 바람뿐이다.

아, 선재동자여!

일요일이었다. 가족 법회를 끝내고 뒤뜰을 잠시 거닐 때다. 여느 때처럼 엄마 아빠를 따라와 법당 안에서 자기 방식으로 절을 하거나 염불을 곧잘 중얼거리던 꼬마 두 명이 내게 다가왔다. 그러고는 각자의 손에 들고 있던 봉투를 내미는 것이었다. 꼬마 친구들에게 봉투를 준 적은 있지만 받은 적은 없었으므로 의아한 내가 물었다.

"이게 뭐니?"

"불사금이요."

큰 녀석은 초등학교 2학년생, 작은 녀석은 유치원생.

봉투가 내게 전달된 사연인즉 이렇다. 세원사는 이즈음 한창 불사 중이었다. 이곳을 찾는 청소년과 일반 불자들이 문화 체험을 할 수 있도록 조그마한 다도실과 도자기 공방을 짓고 있었다. 얼마 전 불사에 도움이 될까 싶어 모연문을 돌린 적이 있었다. 모연문의 우편물을 본 두 녀석, 이게 무슨 말이냐고 부모에게 질문을 했다는 것이다. 부모는 불사의 의미에 대하여 충분히 설명했다.

"너희들 용돈으로 불사에 동참해보지 않을래?"

그러자 큰 녀석은 두말할 것도 없이 그러겠다고 나섰다. 평소 자기 손에 돈이 들어가면 나올 줄을 모르는 작은 녀석은 생각을 좀 해보겠다고 말을 흐렸다. 그리고 한참 후에, 자신도 하겠다고 당당히 말했다는 것이다. 꼬마 둘이 내게 건넨 것은, 그러니까 그녀들의 용돈에 해당하는 돈이었다.

세상 어떤 불사금보다 더 값지고 소중한 선물.

귀엽고 재미있어서, 두 녀석의 심정을 떠보았다.

"이 돈 아깝지 않아? 아까우면 다시 가져가도 된단다."

큰아이는 안 아깝다고 단박에 고개를 젓는다. 작은 녀석은 우물쭈물, 아깝지만 괜찮다고 한다. 두 명의 꼬마 불자와 농담을 주거니 받거니 한바탕 웃었다.

아이들이 크고 귀한 마음을 낼 수 있도록 지혜롭게 이끌어준 부모님에게 감사드린다.

그들의 아이들을 통해, 나는 또 한 차례 세상을 배우게 되었다.

여름나기

"몹시 춥거나 더울 때는 어떻게 해야 합니까?"
"추위와 더위가 없는 곳으로 가면 되지 않는가."
"어느 곳이 추위와 더위가 없는 곳입니까?"
"추울 때는 그대 자신이 추위가 되고, 더울 때는 그대 자신이 더위
 가 되라."

『벽암록』에 나오는, 어느 수행자와 동산 선사 사이에 오간 대화다.
 아무리 더워도 좀처럼 땀을 흘리지 않는 내가 요즈음은 조금만 움직여도 땀을 흘린다. 이번 여름이 덥기는 더운 모양이다.
 덥고 갈증이 날 때 사람들은 보통 찬물이나 음료수를 마신다. 그러나 갈증은 쉽게 해소되지 않는다. 더울수록 따뜻한 물이나 차 한 잔을 마셔보자. 갈증은 쉽게 해소될 것이다.
 덥고 지칠 때 사람들은 보통 찬물에 샤워를 한다. 그러나 그 순간만 시원할 뿐 개운한 맛은 없다. 더울수록 따뜻한 물에 샤워를 해보자. 몸속까지 개운해지면서 시원함이 오래 지속되는 것을 느낄 수 있을 것이다.
 그래서 나는 여름일수록 찬물보다는 따뜻한 물과 친하다.
 아무리 더운 여름날이라도 냉장고에서 꺼낸 음식을 그 자리에서 바로 먹지 않는다. 꺼내놓았다가 찬 기운이 어느 정도 가셨다고 생각되면 그때 입

에 가져간다.

　더워서 땀이 흐르면, 잠시 하던 일을 멈추고 땀을 식힌다. 선풍기 바람이나 에어컨 바람에는 의지하지 않는다. 내 방 안에는 한여름에도 선풍기나 부채를 찾아볼 수 없다. 법당에 에어컨을 놓자는 제의가 있었지만 거절했다. 삼복더위에 장삼을 입고 기도하는 스님도 계시는데, 일반 신도라지만 법회 날 잠시 와서 기도하는 것도 못 견디면 될 말인가.

　어쩌다 은행이나 관공서에 가보면 피부가 시릴 정도로 찬바람을 느낀다. 거기 직원들에게 물어보면, 자기들도 온종일 맞아야 하는 찬바람이 싫다고 한다. 그러나 고객들을 위해 어쩔 수 없이 참는다는 것이다.

　더운 것에는 더운 것을.

　찬 것에 찬 것을.

　강한 것에 강한 것을.

　약한 것에 약한 것을.

　삶의 작은 지혜가 때론 얼마나 큰 힘이 되는지.

　추울 때는 그대가 추위가 되고 더울 때는 그대가 더위가 되라는 동산 선사의 말씀처럼 더위도 추위도 느끼는 것은 나 자신이다. 나 스스로가 더위가 되고 추위가 되는 것. 이것이 내 여름나기 방법이다.

부부의 문제란

가까운 사이일수록 자신을 개방하자. 자신에 대해 상대방에게 보다 가깝게, 보다 친밀하게 노출하자. 자신의 장점은 드러내고 단점은 감추고 있는가? 그렇게 해서는 올바른 관계를 유지할 수 없다.

'함께 살지만 저 사람이 도대체 어떤 사람인지 모르겠다'는 느낌을 준다면, 나는 상대방에게 신뢰받지 못하고 있는 것이다.

현재 남편이나 아내로 인해, 집안에 심한 갈등이 끊이지 않는가? 한 집에 사는 것조차 견디기 힘든가? 서로 대화조차 안 하거나, 이혼을 생각하고 있는가? 상대방의 장점에는 눈 돌리고 단점만을 보고 있기 때문이다.

이는 단순히 부부 두 사람만의 문제가 아니다. 부부였던 당사자들은 이혼과 함께 갈등과 고통에서 벗어날지 모르지만, 그 자녀는 뜻하지 않는 충격과 아픔을 겪게 된다. 그것이 또 하나의 악업을 연결하는, 질기도록 집요한 고리이다.

남편과 갈등이 심한 어느 신도 분이 계신다. 살자니 힘들고 안 살자니 자식들이 눈에 아른거리고. 하여 남편 길들이기를 한다는 생각에 몇 차례 집을 나갔다고 한다. 그렇게 나왔다면 마음 단단히 먹고 남편이 무릎 꿇고 빌 때까지 견뎌야 할 일인데, 남편이 채 반성도 하기 전에 먼저 집으로 들어가서는 남편 앞에 무릎을 꿇곤 했다는 것이다.

언뜻 복잡해 보이지만 실타래를 풀어보면 간단하다. 남편과 갈등으로 겪어야 할 인연이, 그 보살님에게는 많이 남아 있는 것이다.

　자꾸 피한다고 해결되는 일이 아니다. 업장을 녹여내야 할 일이다. 비슷한 경우로 힘들어하는 분이 있다면, 피하지 말고 이생에서 다 소화해야 한다. 내생까지 힘들게 가지고 가서는 안 된다.

　풀어가는 방법을, 멀리서 찾지 말고 내 안에서 찾아가자. 나를 들여다보는 일부터 시작하자. 머지않아 해결점이 나타날 것이다.

배추의 속성 파악하기

김치를 만드는 데 없어서는 안 될 배추와 무. 김치를 담그는 사람이라면 배추나 무가 지니고 있는 기본 속성을 제대로 이해하고 있어야 한다. 싱싱한지 아니면 어느 정도나 시들었는지, 배추 겉잎과 속잎의 색은 어떠한지, 속은 꽉 차 있는지. 그래야 어떤 부재료를 어느 정도 써야 하는지, 어떤 숙성 과정을 거쳐야 맛있는 김치가 만들어지는지 등을 가늠할 수 있기 때문이다.

가정주부가 눈과 손의 감각을 이용하여 배추의 속성을 파악하듯 불자들도 나름의 방편을 사용하여 중생들을 이해하고 그에 근거하여 보시를 실행해야 한다. 이것이 '나눔의 실천'이다.

머리와 입으로는 불교를 잘 알지만 행동으로 옮기고 실천하는 것에는 그지없이 빈약한 이들을 많이 볼 수 있다. 실천이 없는 불교는 죽은 부처를 가슴에 안고 사는 것과 똑같다.

설사 실천이 있는 경우에도, 자기라는 틀 안에만 갇혀 보시하려는 경우들이 있다. 때로는 이런 모습이 더욱 안타깝다. '바라밀다가 없음'은 바로 이러함을 일컫는다. 보시 속에서 끊임없이 내가 했다는 속성으로 바라고 또 바라고, 입으로는 바라지 않는다고 하면서도 어떤 경계에 부딪치면 이내 서운함으로 돌아서는 어리석음. 그러한 집착이 그 사람을 바라밀다의 경계 앞에서 주저앉히는 것이다.

내 안에 갇혀 있는 부처를 현장에 던져보라. 하나만 보지 말라. 하나를 구성하고 있는 원력지를 보아야 한다. 그 속에서 온통 그득히 살아 있는 부처를 만날 수 있을 것이다.

컨테이너 법당과 백련

내년부터 백련을 좀 심어볼까 하는 마음에, 우리나라 백련 보급에 앞장 서온 스님 한 분을 찾아 나선 적이 있다. 지인이 알려준 곳에 가보니 몇 개월 전 소임자가 바뀌었다는 말이 돌아왔다. 백련의 종자를 만나려면 그 스님 계신 곳으로 다시 찾아가야 할 터였다.

새로 얻은 전화번호를 가지고 어렵게 다다른 곳. 잘 다듬어진 사찰이 아니라 컨테이너 법당이었다. 그곳에 수많은 백련들이 있었다. 상상했던 것처럼 정갈하게 꾸며진 연못 속이 아니었다. 천여 개의 고무통에 담긴 백련들이 가을 햇볕을 즐기고 있었다.

혜민 노스님. 그분은 35년 동안 일구어온 인취사의 백련 터에서 15일 만에 밀려 나와야 했다. 땅에 묻힌 '상좌 같은 백련'을 후임자에게 고스란히 넘겨주고 말이다. 업이 무서운지라 백련이 없으면 안 될 것 같은 기분에 백련을 심을 수 있는 곳을 찾아 이곳까지 오게 되었다고 한다. 스님의 사정을 아는 어느 불자가 내어준 공장 빈터란다.

뒷마당 한 모퉁이에서 겨울 채비를 위해 손수 지으신 비닐 온실. 이곳에서 열대야 수련은 스님의 아픈 마음도 모른 채 마냥 피고만 있었다.

"시골 동네의 말사 정도야 돌아가면서 살아야 하지 않겠어요?"

본사 주지 스님이야 쉽게 할 수 있는 말일 것이다. 하지만 세상 모든 것들이 그렇듯, 스님들도 개개인의 능력이 다양각색이다. 어느 한 사람이 가진 창조적 에너지를, 다른 스님이 흉내 낼 수는 없는 법이다. 흉내 낼 필요도 없고, 그래서는 안 된다. 혼신을 다해 일구어온 백련의 터전이, 하루아침에 그 의미를 잃고 마는 노릇이 되지 않았는가.

"백련 종자를 얻어 간 사람이 참 많았어요. 그런데 정말로 꽃이 좋아 키워 보겠다는 사람들도 있지만, 너도나도 백련이 좋다고 하니 상품으로 개발하려고 하는 장사꾼들이 적지 않은 것 같아요."

스님의 말씀이었다. 백련을 진정 사랑하는 분으로서, 너무도 당연한 염려였다.

이후로 컨테이너 법당을 여러 차례 드나들면서 백련 심는 강의를 들어야 했다.

내 선입견에 의하면, 연꽃이란 그저 논바닥 아니면 연못에나 심는 것이었다. 그러나 스님은 스님만의 방법을 내게 일러주셨다.

먼저 큰 고무통을 논바닥에 반쯤 묻고 그 통에 17센티미터 정도로 논흙과 퇴비 한 삽을 퍼 넣고 물을 부은 다음 하룻밤을 재워놓는다. 다음 날, 촉이 나와 있는 백련 종자 두세 토막을 통 한가운데에 반쯤 묻는다. 심은 지 45일이 경과한 후, 복합 요소를 밥숟가락 한 숟갈 정도 넣는다. 이후로는 줄어드는 물만 채워주는 작업만 반복한다. 그러면 연이 스스로 자라고 꽃을 피운다. 건강한 꽃을 보기 위해서는 1년에 한 번 분갈이를 해주어야 한다. 논밭이나 연못에 심을 경우, 연이 자라면서 흙 속에 뿌리를 깊이 박기 때문에 캘 때 힘이 든다. 혜민 스님만의 방법으로 해야 건실한 뿌리와 좋은 꽃을 볼 수 있다고 한다. 매년 혜민 스님은 이 방법으로 300통의 연통을 관리하고 있다. 해마다 뿌리는 식용으로도 사용하고, 연꽃을 피워보겠다는 의지가 있는 사람 누구에게나 심는 방법을 덧붙여 보내준다.

어떤 사람은 꽃을 보았다고 하고 어떤 사람은 끝내 꽃을 보지 못했다고 한다. 꽃을 보지 못한 사람들은 거의 대부분, 자기 나름의 방식을 고집하며 연을 관리했기 때문이다.

연꽃은 그저 예쁘기만 한 꽃이 아니다. 그러기까지 고된 일들이 뒤따르기 마련이다. 한여름에는 이틀에 한 번씩 통에 물을 채워야 한다. 여기에만 서너 시간이 소요된다. 일이되, 게을리해서는 아니 되는 일이다.

어느덧 백련은 나의 수고로움을 뒤로하고 세원사의 명물로 자리 잡고 있다. 컨테이너 법당에서 그 많은 연통을 관리하시는 스님이 말씀하셨다. 바로 이런 게 수행이라고.

이제 그 뜻을 조금은 알 것 같다.

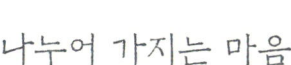

나누어 가지는 마음

한 해를 마감하는 '청소년 자원봉사 시상식'이 오늘 있었다.

식이 끝나고, 수상자 가운데 한 학생이 나에게 와서 말했다. 내년부터 자원봉사를 못할 것 같다고. 내년이면 고등학생이 되는데, 공부를 해야 한다며 부모님이 모든 바깥 활동에 금지령을 내렸다는 것이다.

"봉사 활동도 공부의 일부분이잖니. 공부에 크게 방해가 되지 않는 범위에서 활동을 한다면 너에게 많은 도움이 될 텐데."

"저도 그렇게 생각해요. 그런데 부모님들이 이해를 못 하고 반대만 하세요. 방법이라면 몰래 하는 수밖에 없어요."

학생이 자기의 본분인 공부를 열심히 하는 것은 물론 중요하다. 하지만 교과서와 교실, 학원 속에 내 아이의 모든 것을 맡기는 방법밖에 없을까. 아이는 인생의 따뜻함을 어디서 찾아야 할까. 그런 환경 속에서 아이는 자신이 가진 능력을 과연 학습에 모두 쏟을 수 있을까.

책상 앞이 아니라면 공부하는 게 아니라고 생각하는 부모. 참으로 안타까운 현실이다.

우리 아이들의 인성이 갈수록 거칠어져만 가고 있다. 어른들은 이구동성으로 인성 교육을 이야기한다. 그러면서도 '우리 아이는 괜찮겠지' 하면서 아이들을 깊은 우물 속에 가두고 있다. 현재 우리 주변의 교육풍토가 바로 그러하다.

오랜 세월 청소년들과 함께해온 경험에 비추어, 분명히 말할 수 있다. 일주일에 한 번쯤은 자기가 하고 싶은 것을 하게끔 하는 것도 바람직한 교육 방법임을. 이야말로 가장 자연스러운 인성 교육의 한 과정임을.

봉사 점수 때문에 1년 20시간을 채우는 이기주의적 봉사 활동이 아니다. 나누어 가지는 훈련, 그런 심성을 어릴 때부터 길러줄 필요가 있다.

− 2005. 12.

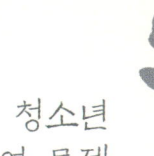

청소년 흡연 문제

  청소년들의 흡연율이 좀처럼 낮아지지 않고 있다.
  담배를 피우는 중학생들에게 언제부터 담배를 시작했냐고 물어보면, 초등학교 5, 6학년 때 처음 피우기 시작했다는 대답이 가장 많다. 빠른 아이들은 초등학교 3학년 때부터 피웠다고도 한다. 설마 그 어린아이가 담배를 피우겠느냐고 되묻는 어른이 있을 정도다. 또래들이 몰려다니는 PC방 같은 데서, 아예 줄담배를 피워댄다는 것이다. 이것이 습관이 되어 성인으로까지 그대로 이어지는 상황.
  흡연하는 청소년들을 만나보면 대부분 공통점이 있다. 자아존중감이 낮거나 혼자라는 느낌을 자주 갖고, 대인관계를 형성하는 데 익숙지 못하다는 것 등이다.
  우리 아이들의 자아정체감을 높일 수 있도록 부모들은 충분한 '사랑'을 주어야 한다. 사랑이 부족할 때, 아이들은 노출되어 있는 주변 환경에 쉽게 젖어들게 된다.
  풍부한 사랑을 받은 아이들은 다른 사람을 배려할 줄 안다. 사랑받고 자란 아이들은 사랑하는 일에 게으름을 부리지 않는다. 그리하여 자연스럽게 무엇이 옳고 그른 것인지 판단을 하게 된다.
  담배의 해악과 '구르는 천둥에서 신체를 존중해야 하는 이유'에 대해, 어느 인디언 치료사는 이런 말을 했다.

"여기 담배를 보라. 이 안에는 타르를 비롯한 온갖 화학물질이 들어 있다. 그것은 자연에서 나온 건강한 물질이 아니다. 그래서 인디언 사람들은 담배를 싫어한다. 지금 당신이 이런 담배를 인디언 추장에게 준다면, 그들은 기꺼이 받을 것이다. 왜냐하면 그것은 선물이니까. 하지만 선물로서 담배를 받을 뿐, 그 안의 화학물질은 절대로 받아들이지 않을 것이다. 담배 속의 화학물질은 몸을 병들게 만드는 물질일 뿐이다."

청소년들이 담배를 멀리할 수 있도록, 우리 사회는 보다 적극적으로 환경을 개선해야 할 것이다.

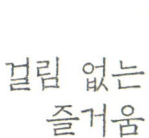

걸림 없는 즐거움

여럿이 함께 여행을 떠나보면, 사람들마다 각자 다른 취향과 성격 탓에 서로 이만저만 피곤한 게 아니다. 서로 의견일치가 되는 부분은 함께 즐기면서 두 배로 즐거울 수도 있다. 그러나 어쩔 수 없이 부딪치는 부분으로 마음 상한다거나 상대방을 위해 배려 아닌 배려를 (울며 겨자 먹기로) 해야만 하는 경우가 적지 않다. 마음을 정화하고자 어렵게 떠난 여행길이 그러하다면, 참으로 불행한 일일 것이다.

혼자 떠날 수 있으면 혼자서 떠나는 게 좋다. 혼자 충분히 즐길 수 있다면 그 방법도 나쁘지 않다. 내가 사는 공간에서 잠시 벗어나 혼자 외로이 새로운 세계를 접하는 일. 이는 살아 있는 교과서를 접하는 것과도 같다. 혼자 떠나는 여행. 그로써 느끼고 체험하는 모든 것. 일상의 고단을 떨치고 내 삶을 윤택하게 하는 활력소다.

중국 작가 김성탄은 말했다.

"가슴 속에 간직한 뛰어난 재능, 두 눈썹 아래 날카롭게 빛나는 눈초리를 가지고 여행을 떠나라."

이것은 무슨 의미인가. 제대로 된 여행을 즐기려면 사물을 느낄 마음과 사물을 제대로 바라볼 눈을 가져야만 한다는 것이다.

귀한 자식일수록 여행을 시키라는 말이 있다. 사랑하는 사람을 정확히 알고 싶으면 여행을 함께 떠나보라는 말도 있지 않은가.

오늘은 동안거 해제일이다. 수행자만이 이해할 수 있는, 걸림 없는 즐거움이 시작되는 날.

훌쩍 떠나가는 여행을 통해, 담아도 담아도 넘치지 않고 주어도 주어도 모자라지 않는 정신적인 향상을 맛볼 생각이다.

벌써부터 설렌다.

조절 능력 키우기

"욕망은 채워서 만족하는 것이 아니다. 조절해서 다스리는 것이다."

얼마 전 이 말을 듣고 무릎을 치고 말았다. 욕망을 조절해 다스린다……. 과연 나의 조절 기능 상태는 양호할까?

흔히 '인간의 행동'이라고 하면 겉으로 드러난 신체의 움직임을 말하는 것이 일반적이다. 그러나 사실 인간의 행동이란, 신체의 움직임뿐만 아니라 개개인의 사고·감정·무의식 등 정신적 요인을 모두 포함한다. 나아가서는 그 사람의 상황적 요인까지도 들 수 있는 것이다.

인간의 행동은 성격에 의해서 결정된다. 성격을 이해하면 그 사람이 왜 그런 방식으로 행동하는지 그 원인을 이해할 수 있다. 더불어 앞으로의 행동을 예측할 수 있을 뿐 아니라 바람직한 행동으로 변화시킬 수도 있다.

아무리 좋은 자동차라도 브레이크가 없으면 소용없는 법이다. 욕망을 조절할 능력이 없다면 우리 인간은 어떻게 될까. 본인의 생각·감정·무의식으로 행동이 결정될 것이다. 어찌 보면 우리의 조절 기능이란, 태어나 자라면서 학습을 통해 익히는 기술일지도 모른다.

욕망은 누가 대신 조절해주지 않는다. 스스로 조절해야 한다. 그 조절 기능에 이상이 생겼을 때 인간은 예측할 수 없는 행동으로 자신을 번민의 늪 속에 빠뜨리는 것이다.

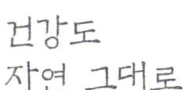

건강도
자연 그대로

특이한 한의사 한 분을 알고 있다. 그분은 희한하게도(?) 손님들에게 약을 잘 지어주지 않는다. 보약이라면 특히 더 그렇다. 보약 때문에 찾아오는 환자에게 약을 달여주는 대신에 그는 그만의 독특한 처방을 내려 돌려보낸다.

"환자 분은 별다른 보약이 필요 없습니다. 그저 부지런히 108배를 하세요."

치료가 꼭 필요한 환자에게는 정성껏 침술을 선보이기도 한다. 그러나 웬만해서는 약을 지어주지 않는다. 때문에 많은 내방자로부터 원망(?)을 살 정도다.

"병원을 운영해야 할 것 아닌가요? 보약 먹겠다는 사람을 그냥 돌려보내면 틀림없이 다른 한의원으로 가서 약을 지어서 먹을 텐데."

누군가 따져 물었을 때, 그분의 대답은 이러했다.

"보약을 먹지 않아도 되는 사람에게 돈 벌자고 보약을 지어준다면, 그건 의사로서 도리가 아닙니다. 욕심이 꽉 차 있고 마음을 비우지 않는 상태에서 먹는 보약은 건강에 도움이 아니라 독이 될 뿐입니다. 건강도 자연 그대로 두는 게 최고지요. 세상에 좋다고 하는 것을 전부 구해서 먹여본들 이로움보다는 해로움이 더 많답니다."

예를 들어 체질상 인삼이나 꿀을 먹지 말아야 하는데 몸에 좋다고 하여 먹는다면 오히려 독이 될 수도 있다는 것. 그분의 주장은 여기서 한 걸음 더 나아간다.

 자연 그대로 두면서 몸에서 원하는 것을 '스스로 찾아 먹도록' 하는 것. 자신을 찾아온 환자에게 그가 일러주는 치료법의 처음이자 전부다.

 특유의 자연주의 의술은 차치하고라도 '의사의 본분'을 병원 영리보다 위에 두는 그의 마음가짐에는 고개 숙여 마땅하지 않을까?

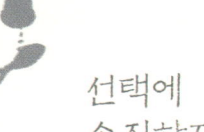

선택에 솔직하자

꽃보다 더 아름다운 것이 5월의 싱그러움이다. 그 싱그러움은 솔직한 자유이다. 자유란 자기 내면의 뿌리를 더욱 튼튼하게 하는 것. 뿌리가 튼튼하면 그 어떤 강한 바람이 불어와도 잠시 흔들릴 뿐, 꺾이지는 않는다.

때로 큰 흔들림이 있지만, 이는 성숙의 아름다움을 가져오는 역할을 한다. 흔들림 속의 마음 다스림 명상은 자유의 뿌리가 된다. 선택에 솔직하면 그만큼 내가 자유로워진다.

상사의 눈치를 보느라 싫은 것을 좋은 척하고 있는 것이 아닌지? 부모의 눈치를 보느라 내가 원치 않은 길을 가려는 것 아닌가? 사랑하는 이에게 잘 보이기 위해 자신의 단점을 감추고 있는가? 내 취향이 아니면서도 남들의 유행에 따라 옷을 선택한 적은 없는가?

자유가 없다는 것. 결국은 솔직하지 못하다는 의미다. 내면으로부터 솔직할 수 있는 다스림이 있다면 어떤 선택이건 후회는 없을 것이다.

바람처럼 유행하는 수행법에 시간을 낭비하고 있는가? 아집을 버리자. 오직 나. 내게 맞는 수행법을 찾아 솔직할 수 있는 마음을 다스리자. 그리하여 보다 자유로워지자.

감각을 열어두어야
하는 이유

  마음을 정화하려면 감각을 거두어들이라고 흔히 말한다. 반대로, 감각을 활짝 열어두어도 좋을 것이다.
  지리산 자락의 도반이 차 몇 통을 보내왔다. 자연이 만들어낸 이 그윽하고 영적인 향기가 잠시 내 방 안에 머물러 있다는 것만으로도 오늘 일상적인 나를 접을 수 있는 충분한 이유가 된다.

    ❋ 찔레차
    산 선녀처럼
    때 묻지 않은
    신선한 향기가
    방 안 가득 실려 들어와
    긴 줄기는
    활처럼 늘어지고
    다섯 장의 작은 잎이
    하나의 깃털 같은
    큰 잎이 되어
    찻잔에 춤추네.

❋ 으름차

　암꽃과 수꽃이

　한 몸에 매달려

　피고 지는 것도

　함께라,

　가고 싶은 길도

　둘이 하나가 된다.

❋ 고욤차

　양지바른 산기슭

　어디에나

　동트는 기운은

　세월의 침묵을 깨우고

　솔바람 내려앉은

　그 자리에

　빛살로 돌아 녹인다.

❋ 뽕잎차
잔잔한
향연에
악기를 탄다.
비단길을 꿈꾸며,

❋ 쑥차
지천에
함부로
자라서
사람을 부르고,

홀씨 되기 두려워
계절을 담아
천상의 꽃이 되려는
이무기 같은
그리움을 만들다
힘이 들어

흐르는 물처럼
흐르는 세월 속에
지천에 서서 묵언을 한다.
사람들을 향하여

부모라는 환경

파출소에서 가출 청소년을 보호하고 있다는 연락이 왔다.

가출 청소년이 발견되면 그네들을 인도받아 쉼터까지 입소시켜주는 것이 이곳 청소년지원센터의 할 일 가운데 하나다. 한밤중에 이런 연락이 오면 참으로 난감하다. 이곳에는 쉼터나 일시보호소 같은 게 따로 없어서 천안이나 평택까지 그들을 데려다주어야 하는데, 그 거리가 만만치 않기 때문이다.

파출소에서 보호받고 있는 이들은 열네 살 여자아이 두 명이었다. 집 나온 지 4개월째, 빈집털이를 하다가 경찰에 잡혔다. 부모에게 연락을 했지만 올 수 없다고 했다. 한 번만 용서해주고 관용을 베풀자는 게 마음 좋은 경찰 아저씨의 결정이었다.

쉼터가 어떤 곳인 줄 아느냐는 내 물음에, 아이들은 몇 번 갔었다고 스스럼없이 대꾸했다. 나보다도 쉼터의 생리를 더 잘 알고 있는 아이들. 온몸에 밴 진한 담배냄새와는 사뭇 달리, 그 나이 또래 아이들처럼 명랑했다.

집에 돌아가고 싶지 않단다. 엄마가 곁에 없기 때문에.

부모님은 이혼을 했고 그래서 아버지랑 사는데, 아버지는 자기에게 도통 관심조차 없다는 것이다.

어른이랍시고 섣불리 훈계나 설교를 하려 들면, 아이들은 마음의 문을 곧바로 닫아버린다. 그래서 주로 이야기를 들어주고, 함께 있는 동안은 그들과 동화되어야 한다. 아직은 무엇이 옳고 그른지 판단하지 못하는 나이. 하지만 나름대로 집을 나온 명분이 있었다. 자기 자신에 대한 것이 아니라 부모 환경이 가장 큰 문제였다.

5월은 계절적으로 청소년들 가출이 가장 잦아지는 시기다. 혹시 주변에서 가출 청소년을 발견한다면 애정과 관심으로 이들에게 다가가자. 가출이 길면 범행으로 연결되기 쉽다. 우리의 미래를 이끌 주역들이 다시는 돌이킬 수 없는 삶을 살게 될지도 모른다.

열네 살 동갑내기 소녀들. 참 귀엽고 예쁜 아이들이었다. 이들이 제 자리로 돌아갈 수 있는 환경을 만들어주는 것. 이 시대를 살아가는 모든 어른들의 몫이다.

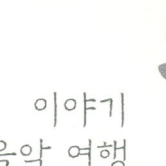

이야기 음악 여행

　내가 사는 이 조그마한 도시에 <금난새의 음악 여행>이 열렸다. 쉽고 대중적인 클래식 공연이었다.
　'클래식'이란 말은, 고대 로마의 계급을 가리킨 라틴어에서 비롯되었다. 고대 로마 시민은 여섯 계급으로 구분되어 있었는데, 그 최상급을 '클라시쿠스(Classicus)'라 했다. 이 단어를 따서 최고의 예술작품에 클래식이라는 단어가 붙게 된 것이다.
　우리말로 고전주의라 해석되는 클래식은, 18세기 중반부터 19세기 초반까지 약 100년 동안 유럽에서 유행한 문학·미술·음악 등 예술 분야의 공통적인 경향과 특징을 가리킨다. 특히 음악에서는 바흐가 사망한 1750년부터 베토벤이 사망한 1827년까지의 기간 동안 만들어진 음악을 특별히 지칭하곤 한다.
　클래식 마니아들은 말한다. 클래식 음악을 듣는 것은 피라미드 같은 문화 유적을 탐방하는 일과도 비슷하다고. 피라미드가 이집트인들이 만든 뛰어난 건축 유적으로서 오랜 세월 가치를 인정받아온 것처럼, 클래식도 인류의 뛰어난 음악적 능력을 보여준 작품이기에 오랫동안 사랑받고 있다고.
　음악이든 문학이든 미술이든, 그 시대가 배출한 예술작품은 그 시대의 사람들에게 가장 잘 어울리는 옷이다. 그 옷이 잘 맞지 않고 불편했다면 오랫동안 우리들의 기억 속에 남지 못했을 것이다.

<금난새의 음악 여행>. 기존의 오케스트라에서 느끼지 못했던 금난새만의 독특한 발상과 재치, 그리고 특유의 말솜씨 덕분에 클래식의 맛을 한결 더 가깝게 느낄 수 있었다. 클래식 등 문화에 목말랐던 이곳 시민들이 기립 박수를 보낸 것도 이와 같은 느낌 때문일 것이다.

한 곡 한 곡, 음악을 낳은 사상적·역사적 배경이며 음악 속에 묻어나는 자연의 소리까지 온몸의 이야기로 풀어내는 열정과 신선한 발상으로 새로운 도전을 즐기는 지휘자 금난새 씨. 클래식의 아름다움을 널리 알리는 메신저로서 이 작은 도시에 잠깐이나마 행복과 감동의 드라마를 선물로 주고 갔다.

천둥 번개가 함께 감동했던 6월에.

자기 안으로의 여행

청소년문화의집에 소속된 청소년위원회 회원들을 서산 부석사의 1박 2일 템플스테이 프로그램에 참가시켰다. 한마디로 모험이었다. 회원 중 반 이상이 타 종교인이었기 때문이다. 하여 이만저만 걱정이 아니었다. 종교 성향이 다른 회원들이 중간에 탈락하는 것은 아닐까. 시작부터 못 어울리는 것은 아닐까.

공공기관을 위탁받아 운영하다 보면, 내가 불자라는 점에서 조심스러운 점이 한두 가지가 아니다. 종교적인 색채를 냈다간 단박에 싫은 소리가 쏟아지기 때문이다. 아무리 보편적이고 유익한 행사라 해도, 종교에 조금이라도 결부되면 이런저런 눈치를 봐야 하는 현실이라니…….

템플스테이에 들어가기 전, 한 가지를 당부했다.

"이번 행사의 큰 줄기는 템플스테이지만 그 안에는 더 큰 것이 숨어 있어요. 자신들이 가지고 있는 종교적인 틀에서 벗어나 '나를 만나는 여행'을 떠나는 것이죠. 여러분들 모두, 자신과 세상을 향한 소중한 의미를 하나씩 찾아서 돌아오길 바랍니다."

떠나는 것과 버리는 것. 이는 공간이동, 즉 움직임의 여행이다.

깨닫는 것. 이것은 내면으로 떠나는 여행이다.

진정한 여행은 일상을 떠나 자기 자신과 만나기 위한 방편이다. 전 세계를 일주한다 하더라도 자기 자신을 만날 수 없다면, 그것은 제대로 된 여행이 아니다. 자기 안으로의 여행을 통해 자기 자신과 만나는 여정도 마찬가지다. 안으로의 여행을 통해 우리가 만나게 되는 현상들.

참된 여행자는 그가 처한 상황에 무관하게, 어디라도 여행을 떠날 수 있다. 염불이든 주력이든 참선이든, 모든 기도는 자기 안으로의 여행을 가능케 하는 방편이다. 간절한 기도를 통해, 자기 안의 근원적인 생명과 만날 수 있는 것이다.

각자 인연에 맞는 기도를 통해, 그 기운 속에서 우리의 일상을 떠나보자. 몸은 일상적인 공간 속에 머물지라도, 우리의 존재는 일상을 벗어난 세계를 누릴 수 있다. 자신이 앉은 그 자리에서 한마음 돌이키면 누릴 수 있는 여행. 이야말로 텅 빈 충만의 순간이다.

1박 2일의 짧은 여행을 마치고 돌아온 청소년들을 다시 만났다. 내면으로의 여행을 다녀온 그들의 모습은 어딘지 달랐다. 나를 만나자마자 공손히 합장을 올리는 것이었다. 그것만으로 내게는 큰 기쁨이었다.

떠나는 것. 버리는 것. 깨닫는 것. 때로는 그것들을 연습하는 여행이 필요하다. 그 방편은 다양하다. 본인이 가장 편하다고 느끼는 것, 선호하는 것을 선택하면 된다. 숨 쉬는 순간순간 일어나는 현상들을 가만히 들여다보는 마음 하나면 된다. 작은 움직임 안에서 일어나는 것들을 가만히 지켜보는 것. 그것 하나만으로도 충분히 즐거운 여행이 될 것이다.

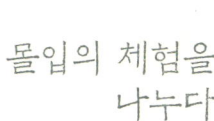

몰입의 체험을 나누다

지난 봄, 세원사에 '도예와 차 문화 명상센터'를 열었다.

조그마한 시골 사찰에서 이런 문화들을 대중화하는 것은, 사실상 다소 무리였다. 지역 특성상 소화할 수 있는 범위가 넓지 않기 때문이다. 그럼에도 명상센터를 추진한 것은, 부처님의 가르침을 차 문화라는 또 다른 방편으로 퍼뜨리고자 하는 나의 욕심(?) 때문이었다. 바야흐로 웰빙시대 아닌가.

대저 웰빙이란 무엇인가. 몸과 마음, 일과 휴식, 가정과 사회, 자신과 공동체 등 모든 것이 조화를 이루어 어느 한쪽으로 치우치지 않는 상태, 육체적인 건강과 정서적인 안정을 함께 좇는 삶의 방식이리라.

그런데 우리 주위에서 추구되는 웰빙의 실체를 바라보면 의아해질 때가 많다. 패스트푸드 대신 유기농 야채와 곡식으로 신선한 건강식·생식을 하는 것. 향긋한 온천 마사지나 발 마사지를 즐기는 것. 퇴근 후 피트니스클럽이나 요가센터를 찾아서 하루의 스트레스를 날려버리는 것. 이처럼 물질적 풍요와 고급화, 건강과 미용에 집착하는 상업적 유행으로 곡해하고 있지는 않은가.

어느 한쪽으로 치우치지 않는 상태. 불교의 심오한 법이 내재되어 있는 중도의 사상이다. 중도의 사상이 오롯할 때야만 궁극적인 깨달음을 얻을 수 있다.

깨달음의 방편에는 여러 가지가 있을 것이다. 자신에게 가장 잘 맞는 방편을 찾아, 이것저것에 휘둘리지 말고 오직 자신을 태우는 데 몰입해야 한다. 진정한 몰입의 순간, 자기만의 희열과 깨달음이 있을 것이다.

깨달음으로 가기 위한 몰입은 참으로 아름답다. 몰입이 주는 깊은 희열은 법열과도 같다.

우리는 법열을 너무나 먼 곳에서 찾으려고 하고 있다. 정답은 없다. 제시된 해답 또한 없다. 자신만의 답을 스스로 찾아가야 한다. 일상 속에서 버릴 줄 모르고 갖고자 하는 욕심. 깨달음을 가로막는 것은 바로 이러한 집착이다.

불교의 입장에서, 부처님의 가르침을 닦아가는 것은 모두 웰빙이다.

명상센터를 열고, 몇몇 불자들에게 도예를 한번 시작해보라고 권유했다. 그러면 웃으면서 거절하는 그 대답이 한결같았다.

"제가 워낙 손재주가 없어서요."

이는 겸손이 아니다. 남들보다 잘해야 한다는 집착으로 인한 소극적인 마음의 결과다.

두 그룹(청소년·성인)의 강좌가 열리는 한 학기 동안, 그네들 내면에 자리 잡은 집착의 덩어리를 버리지 못하는 모습이었다.

어떻게 하면 남들보다 더 잘 만들 수 있을까? 옆 사람 누구는 참 예쁘게 하는데 나는 왜 이 모양이지? 나에겐 소질이 없는 걸까? 작업 내내 그러한 집착과 망상에 사로잡혀, 정작 흙의 질감과 친해지는 몰입의 과정은 종종 생략되고 있는 것이다. 이러니 자신만이 가지고 있는 내면의 열정이 제대로 발휘될 리 없다.

도예를 하는 데는 흙의 질감을 느끼면서 자신을 몰입시킬 수 있는 내면적 단계가 중요하다. 이 단계를 지나, 몇천 도의 뜨거운 불길을 겪어야만 아름답게 살아 있는 작품이 나오기 마련이다.

세상에는 예술작품들이 수없이 많다. 그 작품들이 값어치 있는 것은, 작가의 열정과 사상이 그 안에 몰입되어 있기 때문이다. 그런 예술혼 없이 공장에서 찍어내듯 만들어진 물건은 그저 상품일 뿐, 작품이라고 할 수 없다.

처음 수업을 시작할 때 '차 문화와 도예 교실' 뒤에 굳이 '명상센터'를 붙인 의미가 무엇인가. 흙을 통하여 또 다른 자신을 만나며, 진정한 웰빙을 이루어보자는 뜻이었다. 흙의 질감을 통해 자신을 찾아 나서는 수행을 꿈꾸었던 것. 초보자에게는 힘들겠지만, 오랜 시간 수련을 하다 보면 누구에게나 다 가능한 일이고, 이를 통해 마음의 평정을 얻을 수 있다. 더불어 자신의 깊고 뜨거운 열정을 분명히 확인할 수 있다. 그 에너지가 작품 속에 그윽하게 스며드는 것이다.

누가 더 잘했고, 누구 작품이 더 좋고를 분간할 필요가 없다. 작품 제작에 몰입하며 삶의 모든 것을 수행으로 연결시키는 것. 삶 자체가 바로 작품이 되는 순간이다.

흙을 통해 마음을 관리할 수 있다는 것. 얼마나 행복한 일인가?

'도예와 차 문화 명상센터'의 수강생 모두가 마음속 집착을 완전히 비워내고 몰입의 경지를 얻어낼 수 있다면 내가 가진 모든 것을 바치고도 아깝지 않으리라.

– 월간 《붓다》, 2006년 8월호

퓨전 스님

퓨전(fusion).

'서로 다른 두 종류 이상의 것을 합해 새롭게 만드는 것'이란 의미다.

얼마 전, 오랜 친구가 세원사를 찾아와 도량의 구석구석에 흐르는 나의 수행을 엿보더니 뜬금없이 '퓨전 스님'이라는 새로운 이름을 선사했다.

퓨전 스님이라. 싫지는 않았다.

그런데 내 일상 어디에 퓨전의 에너지가 흐르고 있을까. 생활 속에서 1인 3역, 4역을 해내야 살아갈 수 있는 시골 사찰 주지의 모습은 과연 어떠해야 할까. 전통적인 수행법과 급변하는 현대 문화가 과연 어떤 방식으로 결합할 수 있을까.

시대의 흐름을 좀 더 빨리 느끼고 받아들이며, 그것을 불교적으로 융합하려는 노력이 필요하다. 그래서 나는 늘 급하다. 그러면서도 느림을 즐긴다.

나와 인연 맺은 이들과 기분 좋은 에너지를 함께하고 싶다. 나누는 즐거움. 바로 그것이 내가 이루어야 할 정토다.

모든 것을 멀리에서 찾지 말자. 내면에서 일어나는 잔잔한 에너지에 귀 기울여야 한다. 그것은 허상이 아니다.

사람도 마찬가지. 지금 곁에 있는 그 사람에 대한 편견을 버리자. 그 사람의 내면에 귀를 기울이자.

우리는 늘 사소한 것들을 잃고 산다. 사소한 것들이 모여 큰 것을 이룬다는 사실을 잊지 말자. 그렇게 되면 누구든지 활력이 넘치는 '퓨전'의 삶을 만들어나갈 수 있다.

나와 너. 너와 나.

진심이 더해지면 가장 아름다운 퓨전 생활이 완성되리라.

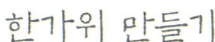

한가위 만들기

서울에 있을 때 잠시 익혔던 꽃꽂이.

1년에 단 하루, 그 기술을 마음껏 발휘하는 때가 있다. 바로 부처님 오신 날이다.

부처님 오신 날이 가까워오면, 이른 새벽의 여명을 뚫고 서울 양재동 꽃시장을 찾곤 한다. 굳이 왜 서울까지 가느냐 하면, 그만큼 다양한 꽃들을 만날 수 있는 곳이기 때문이다. 게다가 시골 꽃가게들에 비해 훨씬 싱싱하고 값까지 저렴하니까.

꽃꽂이는 기본형을 시작으로 다양하게 변형시킬 수 있는 멋진 예술이다. 그 자체로도 아름다운 꽃을 이용해 리듬과 균형, 간결함 등을 통해 더욱 멋지게 연출하는 것이다. 어떤 방식으로 얼마나 연출하느냐에 따라 똑같은 꽃 한 송이가 이렇게도 변하고 저렇게도 변한다.

부처님 오신 날, 온 법당을 꽃으로 장식하는 일이 세원사의 또 다른 문화로 자리 잡고 있다. 이 특별한 날 외에는 꽃보다 화분을 선호하는 편이다. 싱싱하지 못한 꽃들은 며칠 견디지 못하고 쉽게 시들어버리기 때문이다.

며칠 전 진해에 계시는 불자 한 분이 전화를 걸어왔다.

"추석을 맞아 세원사의 부처님 전에 꽃을 좀 올리고 싶어서요. 시외버스 편으로 보낼까 합니다."

"갑자기 웬 꽃을요?"

"명절을 앞두고 서울 나들이를 했다가, 세원사 생각이 갑자기 나더군요. 부처님 오신 날이면 꽃꽂이 장식들로 장관을 이루던 모습 말예요. 그래서 양재 꽃시장을 좀 다녀왔거든요."

명절을 맞아 집안에서 이것저것 챙기고 해야 할 것도 많을 텐데, 그처럼 마음 써주는 정성이 고마웠다. 시간 맞추어 터미널로 찾아갔다.

명절이 와봐야 가야 할 곳도, 맞이할 사람도, 보낼 사람도 없는 내게 버스 터미널은 참으로 색다른 공간이었다. 그래서 고속도로가 막히는 바람에 한 시간이나 지연되는 버스를 기다리면서도 즐거울 수 있었다. 이번 추석은 참으로 귀한 선물을 부처님 전에 올리게 되는구나, 하고 생각하며 말이다.

시외버스 편으로 도착한 꽃의 양은 엄청났다. 장미꽃을 비롯해, 잘 어울리는 가을꽃들이 가득한 박스. 보는 것만으로도 배가 부르는 기분이었다.

이번 추석. 절에 인적은 끊겼지만 꽃이 있기에 풍성하다. 도량과 법당, 내가 서 있는 이 자리의 귀함을 다시 한 번 느낀다.

오래 기억될 한가위이다.

— 2006. 10.

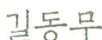

길동무

얼마 전 생명평화 탁발순례단이 이 지역을 방문해서, 그네들에게 하룻밤 숙식을 제공한 인연이 있었다. 다음 날 그들이 떠나는 길에는 잠시나마 길동무가 되어주기도 했다. 아무 준비가 되어 있지 않았지만 말이다.

'모든 평화를 위해서 내가 먼저 평화가 되자.'

이를 기치로 탈불교적 수행에 정진하는 그들. 그로써 자신의 삶을 변화시키고 다른 사람들에게 감화를 준다면 그 이상 고고하고 아름다운 공부도 없으리라.

짧은 하룻밤이었지만 그들이 머물러 있는 동안, '평화'와 '생명'에 대해 다시금 생각해보게 되었다.

내가 먼저 평화가 되기 위해서는 무엇을 어떻게 해야 할까? 쉽지 않은 질문. 하지만 답은 간단했다. 나에게는 수행이라는 좋은 도구가 있으니.

많은 사람들은 수행과 생활을 따로 떼어서 생각한다. 그렇기 때문에 수행을 힘든 것으로 생각한다. 하지만 그 두 가지는 다른 것이 아니다. 생활 속의 수행을 이루자. 조금도 어렵지 않다.

수행은 일상적인 사고와 언어, 행동과 무관하게 따로 존재하는 것이 아니라고 했다. 부처님의 가르침은 그러하다.

수행이란 행동을 다듬어가는 것. 일상생활 속에서 거의 무의식적으로 벌어지는 행동들, 그 움직임에 따라 업이 상생된다.

지금 잠시, 내 안의 평화를 들여다보자. 그 평화에 담긴 수행의 도구를 꺼내보자.

그 도구를 사용하여 나 자신을 얼마나 향상시킬 수 있는가? 그 도구를 사용하여 다른 사람들을 얼마나 감동시킬 수 있는가? 그를 위해 내가 바꾸어야 할 것은 무엇인가?

내 안의 길을 찾아, 수행의 도구를 길동무 삼아 떠나볼 일이다.

— 2006. 10.

우표 같은 사람

밤늦은 시간, 불현듯 전화가 걸려왔다.

하루 중 어느 때곤 전화를 걸어와 일상적인 넋두리를 편안하게도 늘어놓는 친구다. 들려주는 이야기 가운데 때론 들을 만한 덕담들도 있어 고개를 끄덕이게도 된다.

그는 내게 '우표' 이야기를 들려주었다.

아는 후배가 나무뿌리 공예 하는 곳을 지나다가, 큰 괴목 뿌리를 다듬은 공예품 앞에서 걸음을 멈추었다. 멋지고 아름답기보다 이상하게 마음을 끄는 구석이 있었다. 그 자리에서 흥정을 하고는 집으로 배달시켰다.

그런데 며칠 후 집에 물건이 들어오는 순간, 파출부 아주머니가 이를 제지했다. 이런 물건이 집에 함부로 들어오면 우환이 생긴다는 것이었다. 그러고는 괴목 귀퉁이에 우표 한 장을 붙이고 나서야 들어오게 했다고 한다.

후배는 파출부 아주머니 행동이 영 달갑지 않았다. 그러나 찜찜한 기분에 함부로 우표를 떼어낼 수도 없고, 멋있던 괴목도 공연히 이상하게만 보이고, 영 마음이 찜찜하더란 이야기다.

파출부 아주머니는 그 후배에게 이런 설명을 해주었다고 한다.

우표는 좋은 일이든 나쁜 일이든 밖으로 떠나보낸다. 혹시라도 그 괴목을 감싸고 있는 나쁜 기운이 있다면 우표는 그것을 집 밖으로 내보내는 역할을 하는 셈이다. 그러니 마음 불편하게 생각할 것 없다. 오히려 그 우표를 바라볼 때마다 마음에 평정을 찾아라…….

이야기를 마친 그가 내게 말했다.

"스님은 제게 우표 같은 존재입니다. 궂은일이건 좋은 일이건, 언제든지 떠나보낼 수 있으니 말이지요."

떠나보내고 받아들이는 것.

혼자만의 일은 아니다. 한쪽에서 보낸다고 해도 받을 상대가 없다면 아니 되는 것이기에. 떠나보내고 받아드는 상대가 있다는 것은, 든든한 의지처가 존재한다는 의미다.

우리 모두에겐, 저마다 의지처가 있어야 한다. 어떤 어려움도 위협도 막아주는, 보이지 않는 힘. 누군가를 위해 내가 그 역할을 흉내라도 낼 수 있다면 이처럼 밤늦은 전화에 잠을 설친다 해도 나쁘지 않으리라.

우체국에서

내 모두를

보내고

오던 날

남은 사색을

찾아

말할 수 없는

의미가

편지함

가득 펼쳐 들게 한다.

겨울 하늘

우표 한 장

가슴을 만질 때마다

터질 것 같은

그리움.

― 시집 『가슴으로 사는 사람들』 중에서

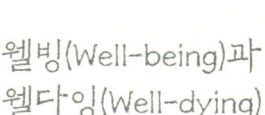

웰빙(Well-being)과 웰다잉(Well-dying)

컴퓨터 창을 띄우면 맨 먼저 만나는 화면이 <붓다뉴스>다. 이곳에서 잠시 머물다가 다른 창으로 넘어가는 게 내 인터넷 생활의 일부가 되었다. 그런데 며칠 전, 붓다뉴스를 통해 참으로 가슴 답답한 뉴스를 접하게 되었다.

'《현대불교신문》폐간.'

실로 놀라웠다. 이게 무슨 일이람? 말 못할 이유가 있겠지만, 설마 폐간까지? '무슨 일이 있어도 폐간만은 막아야 한다'는 여론들. 그로 인해 사태의 심각성을 짐작할 수 있었다.

나는 이 작은 시골 마을에서 세원사라는 작은 절을 꾸려나가고 있다. 이곳에서 청소년 사업을 11년째 운영하는 중이다. 넉넉한 살림이 아닌지라, 간혹 어깨가 무겁고 힘이 들 때면 그냥 놓아버리고 싶을 때도 적지 않다. 내 생각만 한다면 걸망 하나 메고 훌쩍 떠나도 그다지 걸림이 없을 것이다. 그러나 나를 믿고 11년을 함께 일을 만들어온 직원들 때문에, 함부로 그런 결정을 내리지 못하고 있다.

내가 모든 것을 포기하면, 함께 일해온 직원들은 직장을 잃게 된다. 자비의 덕목을 실천으로 삼는 입장에서 반(反)불교적인 태도가 아닐 수 없다. 함께 있을 때 아무리 직원들과 사이가 좋았다고 하더라도, 결과가 나쁘면 모든 게 어긋나고 마는 것이다.

뭐든지 끝이 좋아야 한다. 그 끝이 헤어짐이건, 죽음이건, 회향이건 말이다. 이것을 요즘 유행하는 말인, 웰빙에 이어지는 웰다잉(Well-dying)과 더불어 생각해보자. 태어나서 잘사는 것이 중요한 만큼, 어떻게 죽느냐는 것도 중요한 일이니까.

《현대불교신문》은 우리 불교계의 발전에 적지 않은 역할을 해준 언론이다. 이는 어느 누구도 부정할 수 없는 부분이다. 그러나 이 소중한《현대불교신문》이 웰다잉을 이루지 못하고 흐지부지 사라져간다면, 이는 너무도 안타까운 일이다.

회향은 무엇인가? 모든 공덕을 나의 것으로 하지 않고 중생들에게 모두 되돌리는 것이다.

신문을 사랑하는 많은 사람들이 지금 외치고 있다. 그동안 몸담아왔던 회사를 떠나지 않고 살려보겠다고. 시간을 조금만 달라고. 그간 축적된 자료를 양도해주면, 스스로 굴러갈 수 있는 구조를 만들겠다고.《현대불교신문》을 살리고자 하는 이들의 깊은 뜻을 방관해서는 안 된다.

사찰을 짓고 불교회관을 건립하는 불사만 중요한 것은 아니다.《현대불교신문》이 그간 문서 포교를 통해 발휘했던 거대한 힘을 무시해서는 안 된다. 모두 지혜를 모아, 소중한 신문이 폐간되지 않고 계속 이어지길 바란다.

— 2006. 12.

넘치지 않는
향기처럼

　민족의 대이동이 시작되는 설 명절이다. 양손에 가득 선물꾸러미를 들고 고향으로 떠나는 사람들. 참으로 훈훈한 풍경이다. 명절이 우리에게 주는 넉넉함 때문일 것이다.
　어쩌다 선물을 받으면, 포장을 버릴 수가 없어서 따로 잘 보관해두곤 한다. 내용물만큼이나 예쁘고 멋진 포장을 버리는 게 아까워서다. 나중에 재활용할 요량으로 그렇게 모아두었다가 결국 한꺼번에 폐기처분하는 때가 많지만, 그 멀쩡한 것을 바로 버릴 수가 없는 것이다. 어쩌면 우리는 선물의 내용 때문에 포장의 아름다움을 잊고 사는 것 아닐까.
　선물은 마음이라고 표현한다. 크든 작든, 값비싼 것이든 아니든, 그 안에는 주는 이의 마음이 담겨 있다. 선물이 가치 있는 것으로 완성되려면 주는 이의 마음을 헤아려 받을 마음이 또한 필요할 것이다.
　오늘은 내게 있어서 특별한 날이라 이래저래 분에 넘치는 선물을 많이 받았다. 다 고맙지만, 그중에서도 내 마음에 작은 전율을 일으킨 선물이 하나 있다.
　프리지어 꽃 한 다발.
　내 오래된 수필집 중에 '향기가 그다지 넘치지 않는 프리지어 꽃을 좋아한다'는 구절이 있다. 그 대목을 기억하고는 선물을 준비한 모양이다.
　꽃집에서 대량으로 만들어내는 꽃바구니가 아니다. 투명한 유리 화병에,

하얀 자갈과 물을 담은 뒤 직접 프리지어를 장식한 '수공예 제품'. 내가 평소에 물리도록 만지는 것이 진흙과 도자기인지라, 그는 이를 피하고자 부러 유리 화병을 택했으리라. 병 속에 깔려 있는 하얀 자갈들과 물의 색깔이 어우러지면서 비치는 프리지어 푸른 꽃대의 자태.

운전하는 중에 넘치거나 흐르지 않도록 화병의 물을 어느 정도 따라내고, 더불어 비닐로 두 번 세 번 감싸고, 그렇게 하여 내 방 안까지 모셔온 꽃병.

방 안이 환해졌다. 정말 오랜만에 맡아보는 '넘치지 않는 향기'였다.

누군가에게 선물을 받는 것만큼, 누군가에게 선물을 하는 것도 신경 쓰게 많은 일이다.

일단 선물을 고르는 일이 어렵다. 취향이 어떤지. 필요한 것이 무엇인지. 이미 가지고 있는 물건은 아닌지. 선물을 고르는 일부터 상대에 대한 배려가 시작되어야 한다. 물론 까다로운 만큼 기분 좋은 일이기도 하다. 베푸는 기쁨만 한 것도 없으니 말이다.

누군가에게 의례적인 선물을 주고받는 것 이상으로 중요한 한 가지. 짬을 내어, 그와 함께 시간을 보내는 것이리라. 바쁜 삶. 서로 만나 잠시라도 함께하는 일. 이야말로 세상 어떤 물질에 비할 길이 없는 서로를 위한 최고의 선물일 것이다.

연차 이야기

오래전, 조그마한 책 한 권을 선물받은 적이 있다. 중국 청나라 건륭 때 심복(沈復)이란 사람이 쓴 『부생육기(浮生六記)』. 손에 넣은 지 30년이 되었지만 아직도 내 서재에서 밀려나지 않고 있는, 아름다움을 지닌 책이다.

심복이 『부생육기』를 쓴 것은 그의 아내 운(芸)에 대한 사랑의 추억 때문이었다.

아내가 아침마다 내주는 차의 향은 특이했다. 스스로 같은 차로 수십 번을 우려내어봤지만 도무지 그 향을 낼 수 없었다. 고심 끝에 심복은 아내가 차 다루는 방법을 몰래 훔쳐보았다.

저녁나절, 아내는 연꽃이 피어 있는 연못에 갔다. 그리고 연꽃의 꽃송이가 오므려질 때, 차를 넣고 봉한 비단 주머니를 꽃심에 놓았다(연꽃은 저녁이면 꽃심을 오므렸다가 아침이면 활짝 피운다). 연꽃은 차를 품고 밤새 별빛과 달빛, 이슬을 맞으며 촉촉한 연꽃 향을 차에 덧입히는 것이었다. 다음 날 아침 일찍, 꽃봉오리가 입을 벌리면 아내는 비단 주머니를 꺼내 차를 달였다.

말단 관리였던 남편의 수입으로는 향기로운 고급차를 구할 수 없었던 운의 지혜.

이처럼 멋진 아내 운이 세상을 떠난 후, 심복은 회한의 눈물로 그녀와의 추억을 글로 옮긴 것이다.

"운(芸)은 중국 문학에 있어 가장 사랑스런 여인이었으며 뛰어난 재인이었다."

훗날 임어당이 한 말이다.

운이라는 여인의 지혜에서 비롯된 연꽃차. 언제부턴가 다인(茶人)들 사이에서는 이 연꽃차가 중요한 이야깃거리로 떠오르고 있다. 꽃을 만나기가 어렵기에, 손쉽게 즐길 수 있는 차는 아니다. 그래서 모두들 귀하게 여기는 차이기도 하다.

뿌리를 이용하면 연근차(蓮根茶)
꽃을 이용하면 연화차(蓮花茶)
잎을 이용하면 하엽차(荷葉茶)
씨를 이용하면 연자차(蓮子茶)

특히 백련은 어느 한 부위도 버릴 게 없는 귀중한 약재다. 이 모두를 통틀어 연차라고 부른다.

연꽃 재배를 평생 수행으로 삼으시는 혜민 노스님의 도움으로 300주 가까운 백련을 심은 게 작년 11월. 올봄 예상치 않은 수확으로 가까운 이들과 그 맛과 향을 함께 나누었다.

차로 이용하기 좋은 때는 처음 꽃이 피고 두 번째 날이다. 첫날 향기는 약하고 둘째 되는 날의 향기가 으뜸이며 세 번째 날은 그보다 못하다.

내가 연화차를 만드는 방법은 이렇다.

낙화 직전에 꽃을 따서 그 속에 차를 넣는다. 이를 랩으로 잘 감아 냉동시킨다. 이렇게 차와 백련꽃이 함께 숙성되면서 그 맛과 향기가 독특해지는 것이다. 해동을 시키면 찻물이 꽃잎에 배어 연꽃 색이 변하는 게 단점 중 하나다.

꽃심에 넣어둔 차만 이용할 경우, 향기는 좋지만 축축한 것을 꺼리는 차의 성질 때문에 맛이 떨어질 우려가 있다. 깨끗한 돌솥이나 무쇠솥에 살짝 덖어 마시면 차가 품은 향기가 되살아나며 맛이 더욱 좋아진다.

4월 초 분갈이해서 심어놓은 연통에, 벌써 여린 연잎이 고개를 내밀고 있다. 세원사 뜰에 백련 정원이 있어 아침저녁 멋진 연화차를 만날 수 있지만 이 시대에 운(芸) 같은 여인을 만나지 못함이 못내 아쉽다.

- 2007. 5.

『발심수행장』, 내 수행의 멘토

중생들에게 가르침과 깨우침을 주기 위해 한 말씀 한 말씀 기록한 8만 4,000가지 법문들. 소중하지 않고 가슴에 와 닿지 않는 구절이 어디 있겠냐만, 그중에서도 내게 가장 큰 버팀목이 되어준 불서(佛書)는 바로 원효 스님의 『발심수행장』이다.

신심도 지혜도 아직 만들어지지 않았던 행자 시절, 그저 어렵고 낯설기만 한 한자들 속에 깊이 묻힌 뜻을 따라 무조건 외우고 또 외웠다. 마침내 '아, 수행은 이렇게 하는 것이구나' 하는 생각의 자리가 잡혀가던 즈음, 마침 보기 시작했던 지침서가 『발심수행장』이었다.

마음이 약해지고 게으름이 일어날 때, 그 구절구절을 외우고 또 외워 나 자신을 거듭 다져가던 교과서.

이제 와서는 종종 구절구절의 내용이 잘 기억나지 않을 때도 있지만 그때 다지고 다진 깊은 뜻이 몸속에 배여 수행에 도움을 주었던 글.

인간은 무한한 가능성을 가지고 있다. 그러나 인간은 자신이 가진 가능성을 10퍼센트도 발휘하지 못하고 살아간다. 인간의 잠재력을 끌어내는 역할을, 한 권의 책이 할 수도 있다. 자신의 숨은 가능성을 꽃피우기 위해 나를 이끄는 멘토(mentor).

내 수행의 멘토는 『발심수행장』이었다. 진정한 멘토를 만나, 비로소 나 자신이 열리고 바뀔 수 있었다.

높은 산 높은 바위 지혜로운 이의 살 곳이요
푸른 솔 깊은 골짜기 수행인이 살 곳이라
나무 열매로 주린 창자 위로하고
흐르는 물 마시며 갈증을 식히네
좋은 음식으로 아껴 보살펴도 이 몸은 결정코 무너지고
비단으로 감싸 보호해도 목숨은 반드시 마치나니
메아리 울리는 바위굴로 염불당을 삼고
슬피 우는 기러기로 마음의 벗을 삼을지라
절하는 무릎이 얼음처럼 시려도 불 생각을 하지 않고
주린 창자 끊어져도 먹을 생각 말지어다
백 년이 잠깐인데 어찌 배우지 아니하며
일생이 얼마이기에 닦지 않고 방일하랴

원효 대사의 논총 100권, 책 240권 중 가장 짤막한 저술, 『발심수행장』.
어두운 사바세계를 밝히는 등불이요, 감로의 법우(法雨)이며, 수백 년 세월 동안 그러했듯 이 땅의 수행자들이 수행하고 마음을 닦아가는 데 없어서는 안 될 불서다.

— 《현대불교신문》, 2008년 6월 4일자

자신의 이름 앞에

지난 며칠, 한 가지 고민으로 오래도록 가슴앓이를 했다.

'누군가에 관해 내 마음이 만들어낸 부정적인 이미지를, 어떻게 하면 빨리 지울 수 있을까?'

그것은 내 삶의 깊이와 무관치 않은 궁리였다. 요컨대 그 누군가가 내 삶에서 얼마나 깊은 의미를 가지고 있느냐에 따라, 갈등의 깊이도 달라질 터이니까.

상대가 내 삶에서 차지하는 비중이 크면 클수록 상처의 깊이는 클 것이고 상대가 내 삶에 큰 의미가 없는 사람이라면 그 상처는 쉽게 치유되는 이치.

그러하니 더더욱 '나'를 없애도록 노력할 일이다. 나를 지배하는 아상(我相)에서 벗어나 진실한 나를 발견해야 한다. 눈에 보이는 모습에 갇혀 쉽게 마음의 문을 닫아서는 아니 된다.

나 역시도 그 어떤 대상에 온전한 '나'를 버리지 못한 채로 순간 내 마음 가운데 찍힌 부정적인 이미지를 가지고 상대방을 판단해왔던 것은 아닐까.

살아가면서 좋은 이미지를 가진 사람들만 만날 수는 없는 일이다. 하지만 좋은 이미지를 주고받을 수 있도록 노력이 앞서야 한다.

부정적인 이미지는, 아무리 노력해도 극복하기 힘들 때가 많다. 상대에 대한 부정적인 이미지가 내 안에 가득하다면, 세월이 아무리 흘러도 그 사람과의 긍정적인 관계를 기대하기 힘들다. 상대와 나 사이에 늘 불행한 관계가 연출될 수밖에 없다.

　이름은 나의 분신이다. 또한 나 자신이나 다름없다. 그래서 우리는 그 이름에 걸맞게 살려고 노력을 한다.

　가까운 누군가의 이름을 지금 불러보자. 어떤 이미지가 제일 먼저 떠오르는가? 그와 함께했던 시간들이 머리에 스치면서 여러 가지 심상이 떠오를 것이다. 자기의 분신인 이름을 잘 관리해야 하는 이유가 바로 그러하다.

　10년 동안 함께 일해온 파트너가, 여태 자기 이름에 연결되었던 이미지를 바꾸려 하고 있다. 참으로 안타깝고 힘든 일이다.

　누구를 위해 산다는 것.

　누구를 배려한다는 것.

　누구를 사랑한다는 것.

　모두 내가 존재하고 나서야 가능한 일이다. 나 없이는 그 어떤 것도 불가능한 일이다.

　사랑하는 사람에게, '너와 나는 하나'라고 흔히 말한다. 하지만 그렇지 않다. 내가 있으므로 너를 사랑할 수 있는 것이다. 하나라는 착각에 가려, 자신의 존재는 잊고, 모든 것을 상대에게 기대고 있는 상황. 여기서 둘 사이의 문제가 시작되곤 하는 것이다.

　이름에 맞는 삶을 산다는 것. 그 이름에 맞는 구실을 하고 그 이름에 맞는 분수를 지키고 그 이름에 맞는 행동을 해야 한다.

　세상에는 수없이 많은 이름들이 있다. 그리고 그 이름들에는 나름대로 무게가 있다. 그간 쌓아온 노력, 열정, 정의, 성과 등등이 이름 위에 투사되어 있는 것이다.

　호랑이는 죽어서 가죽을 남기고 사람은 죽어서 이름을 남긴다. 누가 내 이름을 어떻게 부르고 어떻게 생각하는지, 내 이름을 부를 때면 어떤 심상을 주로 떠올리는지 진지하게 고민해야 한다.

　내 삶은 내가 가치 있게 운영해야 한다. 그래야 타인들의 존중이 좇아온다.

죽기 전에
해야 할 일

죽음과 관련해서 겪는 정서적 고통. 노년기의 주요한 심리적인 문제 중 하나다.

가까운 이의 죽음을 경험했을 때, 우리는 울거나 우울해하면서 매우 깊은 슬픔을 경험한다. 그리고 점차 시간이 지나면 그 상실에 대해 잊게 되는데, 살아가다가 문득 그 상실을 떠올리고는 다시 슬픔에 빠지기도 한다.

정신과 의사 퀴블러 로스(Kübler Ross)는 시카고대학병원에 입원한 중환자들을 대상으로 이른바 '죽음에 이르는 심리적 단계'를 제시했다.

첫째는 부인(denial)이다. 사실을 받아들이지 않는다. 흔히 의사의 오진이라고 생각한다. 둘째는 격노(rage)와 분노(anger)다. "왜 하필이면 나에게……"라는 불만으로 가족이나 의료진에게 분노를 터뜨린다. 셋째는 협상(bargaining)이다. 상실의 전부 또는 일부를 다시 회복하여 어떤 불가사의한 힘과 협상하고자 한다. 넷째는 우울(depression)이다. "너무 슬프고, 끔찍하고, 어떻게 살아갈까" 하며 이별할 수밖에 없다는 데서 오는 우울증이 나타난다. 다섯째는 수용(acceptance)이다. 사실을 받아들인다. 이러한 과정을 거치면서 자신의 죽음을 받아들이는 것이다.

'죽음을 수용하는 과정'을 멋지게 그린 영화가 있다고 꼭 한번 보라는 지인의 권유가 있었다. 사는 곳이 시골인지라, 어렵게 DVD를 구할 수 있었다. 제목은 <버킷 리스트>.

병실에서 만난 두 노인. 백만장자이지만 부인도 자식도 없는 에드워드(잭 니콜슨)와, 박학다식하며 역사 교수가 꿈이었지만 가족 부양의 의무에 치여 자동차 정비공으로 늙어버린 카터(모건 프리먼). 두 사람 다 6개월에서 길어야 1년을 선고받은 시한부 환자들이다.

병상에 누운 카터는 40여 년 전 대학 신입생 시절, 철학 교수가 과제로 내주었던 '버킷 리스트'를 떠올린다. 죽기 전에 꼭 하고 싶은 일들의 목록이 그것이다. 한편 재벌 사업가지만 기껏해야 최고급 커피를 맛보는 것 외에 자신이 원하는 게 무엇인지 모르던 에드워드. 그는 카터가 끄적거리다 버린 종이에서 버킷 리스트를 알게 되고는 기막힌 아이디어를 떠올린다. 돈은 자기에게 얼마든지 있으니 정말로 하고 싶은 걸 다 해보자고 제안하는 것이다.

서로 다른 인생을 살아온 두 남자는 서로에게서 커다란 공통점을 발견한다. '나는 누구인가'를 정리할 필요가 있다는 것, 얼마 남지 않은 시간 동안 '하고 싶던 일'을 다 해야겠다는 것을.

버킷 리스트를 실행하기 위해 두 사람은 병원을 뛰쳐나가 여행길에 오른다. 아프리카 세렝게티에서 사냥하기, 문신하기, 카레이싱과 스카이다이빙, 눈물 날 때까지 웃어보기, 가장 아름다운 소녀와 키스하기, 화장한 재를 깡통에 담아 경관 좋은 곳에 두기⋯⋯. 목록을 지워가기도 하고 더해가

기도 하면서 두 사람은 많은 것을 깨닫게 된다. 인생의 기쁨, 삶의 의미, 웃음과 감동, 우정까지.

살면서 원하는 일들에 도전할 가장 좋은 시간. 그것은 바로 지금이라는 것을, 영화는 잘 말해주고 있다.

영화를 보면서 많은 생각을 했다. 죽음을 앞두고 하고 싶었던 일을 하는 것도 중요하지만 죽기 전에 할 수 있는 일을 찾아서 해나가는 것도 참으로 의미 있지 않을까.

우리를 둘러싼 수많은 핑계들, 그리고 구실들을 몰아내자. 그리고 실천하자.

죽음을 앞두고 하고 싶었던 일이 개인의 욕구를 충족하고자 하는 의미라면 죽기 전에 할 수 있는 일을 찾는 것은 타인을 향한 베풂의 기회로 삼을 수 있을 것이다.

영화가 선사하는 의미처럼, 목록을 만들어 실천해가면서 하나하나 이루어질 때마다 지워나가는 수행도 실로 멋지리라.

선물과 뇌물

해가 지고 어두움이 내리기 시작하면 방문을 걸어 잠근다. 그리고 내면의 통찰에 많은 시간을 할애한다. 오늘 그 소중한 시간에 누군가 찾아왔다. 내면의 통찰도 중요하지만 나를 필요로 하는 사람의 방문을 물리칠 수는 없는 일이다.

가부좌를 풀고 방을 나섰다. 급작스러운 자신의 방문이 내 시간을 방해한 것을 아는지, 방문객은 여러 차례 머리를 조아렸다. 그러고는 조심스레 이야기를 꺼냈다. 작은 고민 하나가 생겼다는 것이다.

"어느 프로젝트를 공모하는 일이 있었거든요. 거기서 선정위원이 되어 심사를 했는데, 그래서 한 단체가 선정되었지요. 물론 혼자의 생각은 아니고, 심사위원 모두의 점수를 합산해 결과를 낸 거죠. 물론 금액이 좀 있는 사업이기는 하지만, 그 단체에 대하여 사전에 아는 것도 없었고 대표가 누군지도 몰랐거든요."

그런데 어제, 선정된 단체의 대표가 자기 책상에 선물을 놓고 갔다고 한다. 퇴근길에 열어보니 차와 상품권이 들어 있었단다. 이것을 어떻게 해야 하나 당황스러웠고, 고민 끝에 스님의 지혜를 얻고자 찾아왔다는 것.

"본인의 생각이 중요하지 않을까요. 상품권이 부담되고 뇌물처럼 느껴진다면 정중하게 돌려주고, 그렇지 않다면 그 사람의 마음으로 생각하셔도 되겠지요."

그랬더니 기다릴 새도 없이 답이 돌아온다.

"스님 말씀이 그렇다면, 당장 돌려줘야겠군요. 상대방이 기분 나빠할까 봐 망설였는데, 사실 부담도 되고 이걸 받아야 할 아무런 이유도 없거든요."

선물이란 참 좋은 것이다. 그 속에는 말로 표현되지 않는 이야기들이 있다. 숨은 이야기들을 나름대로 해석하여 즐기는 사람들이 있고 선물이라는 물성에 빠져 그것들을 망각하는 사람들도 있다. 어쨌거나 받는 것도 즐거운 일이고 주는 것도 즐거운 일이다.

그러나 선물과 뇌물은 다르다. 본질부터가 다르다. 거기에 담긴 마음의 순수함 자체가 크게 다르기 때문이다. 나도 이런 문제로 당황스러울 때가 종종 있다. 직무이건 아니건, 나를 찾아오는 사람들을 빈손으로 보낼 수 없어 작은 선물을 마련하여 건네면, 이를 뇌물 비슷한 것으로 착각하는 사람들이 더러 있는 것이다. 그로 인해 민망스러울 때가 적지 않다. 하지만 예를 표하는 일을 그만둘 생각은 없다.

물론 상대가 정중하게 받지 않겠다고 하면, 그 표정과 눈빛에 진심이 보인다면, 그때 가서 정중하게 거두어들이면 된다.

선물과 뇌물을 분별할 줄 아는 지혜. 어쩌면, 진실과 거짓을 분별하는 것만큼이나 중요한 일이다.

— 2009. 3.

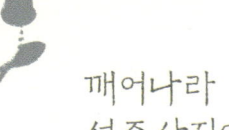

깨어나라
성주사지여

충청도 말씨를 사용하지 않는 내게, 사람들은 더러 묻는다.
"스님은 어떻게 이 보령까지 오게 되셨는지요?"
내 대답은 한결같다.
"전생에 이곳 성주사(성주사지)에서 수행한 승려였겠지요. 고을 원님께 진 빚이 많아서, 그 빚을 갚기 위해 이곳에 오게 되었을 겁니다."
그렇다. 어떤 연유에서건 이 낯선 땅까지 찾아와 사찰을 세우고 청소년들을 위해 일하고 있으니, 전전생의 인연이 아니고서는 이루어질 수 없는 일들이리라.
가끔은 산이 그립고 도반이 그리울 때면 성주사지를 거닐곤 한다. 오랜 세월 깊은 잠에 빠진 듯 고요한 그곳을 걷다 보면 이생에서 만날 수 없었던 도반을 만나고 산을 만난다.
성주사지가 보령 시민에게 차지하는 의미는 생각보다 미약한 편이다. 옛날의 큰 절터였다는 것 말고는, 그 밖의 큰 뜻도 모르는 분들이 많다.
사지(寺址)란 쉽게 말해서 절터이다. 보령에 있는 성주사지는 사세(寺勢)와 법맥(法脈)이 가장 화려했던 구산선문(九山禪門) 중의 하나로, 백제시대 불교의 융성함을 말해주는 유적이다.
일찍이 신라 불교는 열반종, 율종, 법성종, 화엄종, 법상종의 다섯 종파로 구성되어 교학 불교를 연구했다. 삼국통일 후 선종이 들어오자 교학 위주였던 신라교단에 교외별전의 선지(禪旨)가 풍미하게 되었다. 이때부터 고려 초기에 이르기까지 대표적인 아홉 개 선문(禪門)이 개창되었는데, 이를 일컬어 구산선문이라 한다.

1. 가지산문

6조 혜능의 법통인 서당지장의 법을 전수해온 도의는, 아직 대중의 근기(根機)가 성숙하지 않음을 보고 설악산에 들어가 40여 년을 나오지 않았다. 대신 그 손제자(孫弟子) 보조체징 선사가 장흥의 가지산 보림사(전라남도 장흥군 유치면)에서 스승을 위하여 개산(開山)했다.

2. 실상산문

홍척 국사가 지리산의 실상사(전라북도 남원시 산내면)에서 크게 선풍(禪風)을 일으켜 개산했다. 제자로는 편운, 수철 등이 있다.

3. 동리산문

혜철 국사가 도의 국사와 같은 해에 중국으로 건너가, 역시 서당지장에게서 법을 받고 돌아와 동리산 태안사(전라남도 곡성군 죽곡면)에서 개산조(開山祖)가 되었다.

4. 성주산문

무염 국사가 중국에 가서 마곡보철 화상에게서 동방보살이라는 칭호를 받고 귀국, 성주사(충청남도 보령시 성주면)에서 개산했다.

5. 사굴산문

구산선문 중 가장 왕성했던 강사굴산 굴산사(강원도 강릉시 구정면)에서 범일 국사가 개산했다.

6. 사자산문

도윤 국사가 영월군 수주면의 사자산 홍녕사(현 법흥사, 강원도 영월군 수주면 법흥리 422-1번지)에서 개산했다. 개산조인 도윤 국사가 중국 당나라의 선승인 남전보원 선사에게서 법을 잇자 보원 선사는 "우리 종의 법인이 동국(東國)으로 간다"라고 탄식했다고 한다.

7. 희양산문

희양산 봉암사(경상북도 문경시 가은읍)에서 도헌 국사가 개산했다. 도헌 국사는 중국에는 가지 않고 4조의 법을 이은 혜은 선사의 도를 이었으며, 신도 심충의 청을 받아 봉암사를 창건하고 산문을 열었다.

8. 봉림산문

현욱 국사는 중국에서 돌아와 역대왕의 스승이 되었고 효공왕 때에 봉림사(경상남도 창원시 봉림동)를 창건하고 개산했다.

9. 수미산문

이엄 존자는 당나라에서 돌아와 고려 태조의 조칙을 받아 해주군 금산면에 수미산 광조사(북한 지역)를 창건, 구산선문 중 마지막이라 할 수 있는 수미산문을 개산했다.

결국 구산선문은 9~10세기 신라 말 고려 초의 사회 변동에 따라 주관적 사유를 강조한 선종을 산골짜기에서 퍼뜨리면서 당대의 사상계를 주도한, 아홉 갈래의 대표적 승려집단이라 할 수 있다.

이곳 보령에 있는 성주사지는 백제 법왕이 창건한 절이다. 처음에는 오합사(烏合寺)라 불렸으나 신라 문성왕 때 중국 당나라에서 돌아온 낭혜무염이 가람(伽藍)을 크게 중창(重創)하면서 절 이름도 성주사로 바뀌었다고 한다. 무염이 성주사에서 1,000여 칸의 당우(堂宇)를 조성했으며 2,000여 명의 제자가 그의 법맥을 이을 정도로 그 규모가 상상을 초월했다고 전해진다. 이후 무염의 법맥은 달마-승찬-도신-홍인-혜능-남악회양-마조도일-

마곡보철-무염으로 이어졌다.

이런 성주사가 절터로만 남아 오랜 잠에서 깨어나지 못하고 있다. 풍성한 잡초와 낭혜화상백월보광탑비 및 석탑 몇 개만 그 터를 지키고 있을 뿐.

그러나 희망이 보인다. 보령시가 성주사지에 관심을 갖고 개발을 추진 중이라는 것. 반가운 소식이 아닐 수 없다.

하지만 수행자의 한 사람으로서 걱정이 앞서는 것도 사실이다. 성주사지를 발굴하고 복원하여 불교문화를 널리 알리는 게 아니라, 관광지 개발이라는 관점에서 접근을 한다면 차라리 안 하느니만 못한 일이 될 것이기 때문이다.

건물이 지어지고 불상이 모셔져 있다 하여 다 사찰이라 할 수는 없다. 그 안에 신앙의 모태인 부처님이 계셔야 하고, 부처님 가르침이 있어야 하며, 승가(사부대중)가 있어야 한다. 이러한 정수는 빠진 채 관광객들의 발길을 모으기 위한 개발로 치우쳐서는 아니 된다.

이름 있는 명승지에 가보면 오래된 사찰들이 더러 있다. 사찰들이 있으므로 명산이 되고 이름 있는 명승지가 되는 것이다. 명승지에 사찰이 껴들어 가는 것은 아니다.

종교가 있고 없고를 떠나, 누구나 사찰에 가면 마음이 숙연해지기 마련이다. 그곳이 인간 본연의 마음을 정화하는 신앙의 결정체가 흐르는 장소,

도량(道場)이기 때문이다.

　개발을 성급하게 서둘 필요는 없다. 임진왜란 이후 지금까지 잠들었던 사지가 하루아침에 벌떡 일어나 우리 곁에 올 수는 없다. 오래도 잠들었던 시간만큼 한 걸음 한 걸음 다가가서 일깨워가는 것이 최우선이리라.

　일부 학자들은 땅속에 있는 그 자체가 문화재인데 왜 발굴을 못해 야단이냐고 한다. 그러나 잠자고 있는 문화재는 더 이상 문화재가 아니다. 그 정신을 일깨워 우리 시대에 소통할 수 있어야 문화재로서의 값어치를 하는 것이 아닐까.

　굳은 원이 세워진다면 반드시 이루어지리라 믿는다. 다소 더디더라도 충분한 역사적 고증과 사상적 바탕을 통해 발굴과 복원이 이루어지길, 보령 땅에서 또 하나의 원을 세워본다.

문화에게 길을 묻다

　사람이 살아가는 데에는 다양한 길이 있다.
　인연법에 의하면, 길은 전생부터 닦아놓은 결과에 의해 이미 만들어졌다고도 할 수 있다. 보이지 않는 자력(自力)의 에너지에 의해 만들어진 길.
　내 앞에 여러 갈래 길이 있다면, 어느 쪽을 선택해서 가느냐가 중요하다. 결정을 내려야 할 순간, 흔들림 없이 지혜롭게 자신의 길을 선택해야 한다. 그로써 자신의 존재성을 입증해야 한다.
　『문화에게 길을 묻다』라는 제목을 달고 도착한 김래호의 산문집. 갓 출간된 책 한 권이, 나에게 또 하나의 길을 보여주었다.
　그의 아내가 췌장암 판결을 받은 것은 4년 전. 병세가 더 악화되자, 그는 방송국 부국장으로 승진할 기회조차 포기하고 당당하게 명예퇴직을 했다. 본격적으로 아내를 간호하기 위해서였다.
　"그동안 방송 일을 핑계로 너무 가족과 떨어져 있었던 것 같습니다. 집안일과 자녀 교육 등등을 집사람에게만 맡겨온 게 20년인데, 이제 그 빚을 갚을 수 있게 되었습니다. 아내 혼자 큰 병원을 서성이게 하고 싶지는 않았거든요."
　그가 선택한 길에 사람들은 잔잔한 감동을 받았다. 평범한 사람이라면 탄탄대로인 직장을 그렇게 쉽게 놓아버릴 수 없었을 것이다. 아내를 간호하는 일에 그렇게 뛰어든 용기도, 흔히 볼 수 있는 것은 아니었고 말이다.

삶을 사유하다 • 145

그러고 보니 몇 해 전이다. 그를 만나기 위해 성당을 찾아간 일이 있다. 평범한 인간 김래호가 아닌 천주교 신자로 거듭난 그가, 나를 성당으로 초대한 것이다. 불자로서 마다할 자리가 아니었다. 그날의 행사가 끝나고, 그는 세원사 인터넷 홈페이지에 다음과 같은 감사의 글을 남겨주었다.

방송사 프로듀서는 창조성이 우선이고, 다음으로는 사회에 대한 관심과 이해력이 높아야 합니다. 아기들이 막 태어나는 분만실부터 화장터까지 드나들 수 있고, 노숙자에서 고위직까지 만날 수 있는 직업이기 때문입니다.
올해로 피디가 된 지 20년째, 일에만 치이며 너무 '막 산다' 싶어 작년 8월부터 천주교 교리수업을 받기 시작했습니다. 매주 목요일 한 시간씩 꼬박 8개월 공부한 끝에 올해 3월 3일, 드디어 영세를 받았습니다.
저희는 원래 기독교 집안이었습니다. 그런데 방송국 일을 하면서 <한국 천주교의 못자리-내포> 등 몇 차례 특집 프로그램 제작을 계기로 천주교에 눈을 뜨게 되었고, 그런 인연이 여기까지 이어진 것입니다.
영세를 받던 날 저녁, 대전 송촌동 본당에 정운 스님께서 원행하

셨습니다. 그렇습니다. '원행'은 먼 길도 되지만 어려운 걸음도 됩니다. 평소 집안 동생처럼 대해주시던 스님이 천주교의 영세식에 기꺼이 참석하신 것입니다.

스님이 그러했듯, 저 역시 이웃 종교에 거부감 같은 건 없습니다. 올해도 초파일이 되면, 여느 해에 그랬듯 보령 세원사에 갈 참입니다. 제 처 이름으로 등을 달아야 할까 아들 이름으로 할까 벌써 고민이 됩니다.

여하튼 정운 스님, 고맙습니다. 부디 이후라도 집 나간 자식으로 여겨 연을 끊지 마시고 잘 살펴주십시오.

건강하시구요.

— 2007. 3. 16. 대전에서

김래호 토마스 올림

생각해보건대 그에게 종교성을 물어본 적도, 강요한 적도 없었다. 그러지 않고도 충분히 소통이 되었기 때문이다.

얼마 전 그의 아내가 있는 병원에 찾아갔을 때, 그는 내게 속마음을 비추었다. 아내를 보낼 준비를 하고 있다는 것이다. 아내의 마지막 가는 길을 불교식으로 보내주고 싶다고 했다. 자신은 천주교 신자이지만 아내의 정서는 불교에 가깝기에. 기독교 집안으로 시집을 와서, 한 번도 자신의 종교색을 드러내지 않았던 그의 아내. 남편이 천주교 세례를 받겠다고 할 때도 종교의 자유성은 인정하되 식구들에게 강요는 하지 말라고 했다는 그녀.

얼마를 더 버티어줄지 모르는 아내에게 작은 선물이라도 주고자 서둘러 엮은 책. 책 마디마디에 그의 속마음이 녹아 있다.

인생을 살아가는 큰 길 위에, 더 많은 작은 길들이 놓여 있다. 나를 비우지 않으면 옳은 길을 선택할 수 없다.

금강경에서 말하는 아상(我相), 인상(人相), 중생상(衆生相), 수자상(壽者相)도 한 생각 움직이는 데서 생겨나기 마련이다.

비우자. 아니면 그 어떤 것도 받아들일 수 없다. 인생의 길이 그러하다. 내가 선택한 길을 되돌아갈 수는 없다.

인간 김래호. 그가 걷는 길에, 그의 발걸음에 뜨거운 격려의 박수를 보낸다.

스님이
그러면 안 되죠

좁은 골목길에서 벌어진 일이다. 내가 모는 차는 이미 출구를 향해 있고, 다가오는 택시는 그 출구 쪽에서 들어오려는 상황이었다. 누가 보더라도 택시가 조금만 후진을 하면 해결될 상황. 그러나 택시는 꼼짝할 생각도 하지 않고 나더러 비키라는 사인을 계속 보내왔다. 마지못해 내가 양보를 할 수밖에. 한참을 후진하여 비켜준 다음, 냉큼 지나쳐가는 택시기사에게 한마디 했다. 조금만 기다렸다가 오셨다면 이런 불편함은 없었을 것 아니냐고. 그러자 돌아오는 대답.

"스님이 그렇게 말씀하시면 안 되는 거 아닌가요?"

단지 스님이라는 이유로 일반적인 상식조차 버리기를 강요하는 이들이 뜻밖에 많다. '사람이 아니고 스님'이기 때문에.

스님도 사람이다. 스님은 사람들 틈 속에서 수행을 한다. 그 수행 속에서 부처님의 가르침을 따라 살아가는 존재다. '모르고 저지르는 일은 모르고 했으니 어느 정도 용서할 수 있다'는 게 세상 법이다. 하지만 불법은 다르다. 모르고 행하는 일은 무지에서 오기 때문에 더 큰일을 그르칠 수 있다. 뜨거운 찻주전자를 다룰 때, 뜨겁다는 걸 아는 사람은 손이 데지 않게 조심하지만 그걸 모르는 사람이라면 손을 데기 쉬운 법이다.

스님들도 세상 법을 안다. 그 세상 법을 모르고 어떻게 불법을 알 수 있을까. 다만 세상 법 속에 묻혀 있지 않으려고 할 뿐.

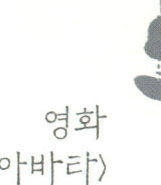

영화
〈아바타〉

3D 열기를 타고 큰 인기를 모았던 할리우드 SF영화 <아바타(Avatar)> (2009).

'아바타'는 컴퓨터 가상현실 세계에서 자신의 분신을 의미하는 시각적 이미지란 뜻으로 산스크리트어 '아바따라(avataara)'에서 유래한 말이다. 아바따라는 힌두교의 가르침과 밀접한 관련이 있는 단어다. 신과 인간, 신과 우주는 처음부터 둘이 아니라는 의미를 담고 있는 것이다. 신과 신이 만들어낸 이 우주는 둘이 아닌 하나라는 것. 불교의 화엄상, 연기론과 상통하는 대목이다.

영화 <아바타> 역시 비슷한 맥락으로 이해할 수 있다. 자연과 더불어 살아가는 나비족과 자기중심적인 인간의 치열한 대비를 보여주고 있다. 자원 고갈로 인해 어려움에 처한 미래 인류에게 꼭 필요한 대체자원 '언옵티늄'의 최대 매장지이자 생명력으로 가득한 행성 판도라(Pandora)는 그리스 신화에 나오는 인류 최초 여성의 이름이기도 하다. 영화 속에서 판도라는 인류에게 있어 가장 이상적인 공간인 동시에 마지막 희망이요, 모체와 같은 공간으로 묘사되고 있다.

판도라 행성은 지구의 허파라고 불리는 아마존의 몇 배나 되는 거대한 우림 지역으로 뒤덮여 있다. 하늘에는 언옵티늄의 자기장 속성으로 인해 할렐루야 산이 공중에 뜬 채 끊임없이 이동한다. 이곳에 존재하는 동물들 역시 오래전 공룡의 모습처럼 거대하고 기이하다. 그야말로 가장 원초적이면서 자연친화적인 세계이다.

한편 나비족은 인간과 비슷한 지능을 지닌 판도라의 종족으로, 자신들만의 언어와 문명을 지니고 있다. 그들은 자신들의 안식처인 행성과 자연, 동족들 간의 깊은 유대관계를 맺고, '영혼의 나무'를 숭배하며 동식물과 교감을 나누며 살아간다. 이러한 특징들은 인간과는 확연히 구별된다. 자신들의 목적을 위해 판도라 행성마저 처참하게 짓밟으려 하는 인간들과 달리, 나비족은 자연을 숭배하며 지키려 하는 것이다. 영화 <아바타>는 이처럼 상반되는 두 캐릭터들의 대립을 통해 '인간의 이기심과, 이로 인한 자연의 파괴'라는 진중한 메시지를 품고 있다.

영화 속 나비족의 터전, 판도라 행성의 숲은 아름답고도 이채롭다. 밤이 되면 동식물들이 발산하는 발광물질이 아름다운 광경을 연출하고, 신비하고 묘한 분위기를 가진 우림은 보는 내내 황홀한 기분을 느끼도록 해준다. 나비족이 그들의 토템을 향해 경배하는 장면 또한 엄숙하기 그지없다.

시종일관 다투고 분노하며 의심하고 짓밟으려 하는 영화 속 이기적인 인간들의 모습은 오히려 애처롭고 안쓰럽게만 보인다.

우리 지구도 한때는 자연중심적인 사회였다. 그러나 문명이 시작되면서 점차 인간중심적인 사회로 탈바꿈하게 되었다. 자연중심적인 사회에서는 토테미즘과 샤머니즘이 정신적인 신념의 토대고 철학이었다. 토테미즘이란 자신과, 자신이 마주하는 대상이 둘이 아니며 하나의 뿌리에서 왔다는 신념과 다르지 않다.

<아바타>에서 아주 인상적인 대사를 발견했다. 남자 주인공 제이크와 나비족 여성 네이티리가 서로 교감하며 하는 말.

"I see you(나는 당신을 봅니다)."

무슨 의미일까.

단순히 당신의 겉모습이 아니라 당신의 내면을 발견하게 되었다는 뜻이다. '나와 너'가 서로 같은 영혼의 무게로 여기 존재하고 있다는 뜻이다. 결국 나와 너는, 각자 객관적인 대상으로 존중받아야 한다는 뜻이다. 생명을 가진 존재로서, 자연 속에서 자연과 함께 자연을 호흡하며 살아가야 한다는 원시부족들의 우주관. 그들의 토템 사상.

"저들이 죽은 것은 다 너 때문이야. 슬픈 일이지."

숲 속의 들개 같은 동물들로부터 공격을 받았을 때, 그들을 처치한 제이크는 네이티리로부터 이런 질타를 듣는다. 하지만 제이크는 네이티리가 안타까워하는 것을 이해할 수 없다. 바로 이것이 현대적인 사고방식과 원시적 사고와의 충돌이다. 또 네이티리는 원시자연에 적응하지 못하는 제이크를 이렇게 타이른다.

"당신은 어린아이 같아요. 시끄럽기만 하지 뭘 해야 할지는 모르니."

그렇다. 지구의 문명인들은 어린애들과 같다. 무슨 일이 생기면 시끄럽게 웅성거리고 서로의 허물을 찾아서 책임을 전가하기에 급급할 뿐 정작 자신들이 주변에 무슨 일을 벌이고 있는지 잊고 있다.

광물을 채취하고, 지구인들의 이익을 실현시켜주기 위해 판도라 행성에 온 제이크. 그러나 그는 그곳에서 나비족과 함께 지내면서 무엇이 삶의 진실인지를 깨닫는다. 그리고 나비족 편에 선다.

판도라 행성이 무지한 인간들에 의해 큰 위험을 앞두고 있을 때, 제이크는 나비족의 신성한 나무 에이와에 가서 기도하듯 중얼거린다.

"우리는 당신의 도움이 필요합니다. 지구에는 더 이상 푸른 숲이 존재하지 않아요. 인간들이 모두 파괴한 것이죠. 그들은 여기도 그렇게 파괴할 것입니다. 그러니 제발 우리를 도와주세요."

그런데 지구인들로부터 판도라 행성을 보호해달라는 제이크의 기도는, 지극히 전형적인 '기독교 방식'이었다. 비록 나비족 문화에 빠져들고는 있지만, 아직 진정한 그들의 내면적인 삶의 방식은 이해 못 하고 있는 것이다. 그때 네이티리가 다가와서 충고한다.

"에이와 님은 절대로 어느 한편을 들지 않아요. 단지 균형을 맞출 뿐이죠. 그 균형과 조화 속에서 삶은 신비로워지고, 신이 아닌 신성함을 영감하게 된답니다."

외화 사상 최초로 1,000만 관객을 넘어선 제임스 캐머런 감독의 작품 <아바타>. 이 영화를 통해 새삼 깨달았다. 인간의 스승은 바로 자연임을.

자연은 인간이 만들어낸 그 어떤 것보다 효율적으로 서로의 공생을 도모하고 있다. 자연은 언제나 성실하며 있는 그대로를 드러내고 있다. 거기에 비하면 인간은 언제나 쉽게 탐욕을 드러낸다. 너무 자기중심적이며 너무 파괴적이다.

인간이 만들어온 문명은, 어쩌면 자연과 공존하기보다 자연으로부터 분리되어 인간중심적으로 구축된 세계가 아니었을까. 이런 인간들에게 자연은 두려움의 대상이며, 동시에 고향과도 같은 존재인 것이다.

내 아집의 수위는
어느 정도인가

마음이라는 것. 볼 수도 만질 수도 없는 것. 투영되는 환상을 좇아 마음대로 날아다니는 게 중생심이요, 현재 보이는 모습의 그림자는 인내와 실천의 다른 이름일지니.

"커다란 기쁨이 따라야 되는 그런 삶에 익숙해지면, 무엇이든 쉬워지지 않는 것이 없느니라."

『입보리행론(入菩提行論)』에 나온 말씀이다.

작은 아픔에 익숙해짐으로써 보다 더 큰 아픔도 받아들이고 참아낼 수 있는 법. 오탁악세(五濁惡世)에서 우리들이 마음을 닦아야 하는 까닭이 그러하다.

이 험한 세상에서, 마음이라는 것을 어떻게 닦아가야 하는가? 잡히지도 보이지도 않는 이 마음을.

우리가 생각하는 것들 가운데, 얻기는 쉬우나 지키기 어려운 것들이 많다. 바른 생각은 누구나 할 수 있다. 그러나 바른 생각을 누구나 실천으로 옮기는 것은 아니다. 여기에서 괴리가 생긴다.

내가 나를 진지하게 들여다볼 수 없다면 다른 것은 보이지 않는 법이다. 그것은 나라는 상, 즉 아상(我相) 때문이다.

아상은 '나'라는 생각을 말한다. 우리가 '나'라고 생각하는 것은 대저 무엇인가? 나의 이름, 나의 육신, 나의 학력, 나의 직장, 나의 사회적 위치, 나의 능력 등등. 불교적 관점에서 볼 때, 이 가운데에 나라고 할 만한 것은 없다. 모두 변화하기 때문이다. 죽고 나면 모두 원점으로 돌아가, 육신은 화장되거나 땅에 묻히고 영혼만 윤회하게 된다. 그렇다면 영혼은 진정한 나일까? 영혼 역시 윤회하며 여러 형태로 변화하여 생멸을 반복한다.

 부처님께서는 깨달음에 이르러서 무엇을 보았는가? 우주 안의 모든 사물은 성주괴공(成住壞空, 생겨나서 머물다 부서져서 원래대로 돌아감)하고, 모든 생각은 생주이멸(生住異滅, 생겨났다 머물고 변화하다 없어져 버림)한다고 하셨다.

 이 우주 안에 '나'라고 할 만한 것이 없다. 그런데 우리는 늘 '나' 때문에 괴로워하고 힘들어하면서 아집을 만든다. 아집에 갇혀 있다 보면 귀가 있어도 들을 수 없고 눈이 있어도 볼 수 없다. 또 다른 업식이 그렇게 만들어진다.

 물론 사람에게는 높낮이가 있고 능력과 역량의 차이도 있다. 숫자적인 개념으로 말하면 질량과 그릇의 차이에 해당할 것이다.

 하지만 가장 큰 차이는 그것을 발견한 사람과 발견하지 못한 사람, 그것을 실천하는 사람과 실천하지 못하는 사람, 그것을 중도에 포기한 사람과 그렇지 않은 사람과의 차이다.

 첫 단추 꿰기가 중요하다는 말. 첫 단추를 잘못 꿰면, 뒤에 돌이키기 어려운 결과를 낳는다. 근본적으로 잘못된 일은 제아무리 숨겨도 언젠가 명명백백히 드러나게 마련이다. 눈 내리면 천하가 은백의 세상이지만 시간이 흐르면 다시 본색이 드러나는 게 세상의 원리이며 이치다. 이를 들여다보는 지혜가 있어야 한다.

  지혜는 누가 만들어 손에 쥐여주는 것이 아니다. 나 스스로 찾고 만들고 키워나가는 것이다.

  진정한 나를 발견하지 못한다면, 내 속의 아집에 갇혀 산다면, 세상은 더럽고 부정한 것으로만 보이게 마련이다. 그리고 갇혀 있는 내 마음의 미움이 내 이웃들에게까지 투사될 것이다.

  지금 내가 늘 생각만 하고 실천에 옮기지 못 하는 것은 무엇인가. 나는 이제 무엇을 해야 하는가. 자신에게 끊임없이 자문하고 그 깊은 속을 들여다보아야 할 때다.

가까이하고 싶지 않은 사람

　미련하고 우악스러운 성품을 일컬어, 무지(無知)하다고 말한다.
　무지라는 단어를 더 깊이 따져보면 '아는 것이 없다'는 뜻이 된다. 아는 것이 없으니 자연히 무식(無識)하다는 소리도 나오게 된다.
　내 견해로, 아는 것이 없으면 배우면 된다. 배움을 연마하고 잘 다듬어간다면 무식은 누구나 다 벗어던질 수 있다. 그러나 무지는 무식과는 사뭇 다르다. 무지는 그 사람이 만들어낸 생활 습관이요 성격이다.
　무지한 이는 아무리 지적하고 깨우쳐줘도 자기 아집에 빠져 사태를 파악하지 못한다. 요행히 안다 해도, 어떻게 실천하고 행동에 옮겨야 하는지 감을 잡지 못한다. 어떤 사람은 하나를 알려주면 두 개 세 개의 답을 만들어내는데, 어떤 사람은 하나를 알려주어도 자신의 집착 속에 그 하나를 제대로 이해하지 못하고 만다. 이런 사람이 무지한 사람이다.
　어떤 단체건 모임이건 환영받는 사람이 있는가 하면 피하고 싶은 사람도 있게 마련이다. 문제는 당사자가 그 사실을 모른다는 데 있다. 어쩌다 따돌림을 당할 경우, 그는 이를 참석하는 사람들의 삐뚤어진 성격이나 모임의 수준이 저급한 탓으로 돌린다.
　나는 이런 사람을 가까이하고 싶지 않다.
　첫째, 벽창호 같은 사람. 한마디로 소통이 되지 않는 사람이다. 상대방의 이야기에 귀를 기울이고 눈을 맞추고 함께 공감을 표시하는 것은 대화의 기본이다. 그러나 상대의 이야기는 귀 밖으로 열심히 내보내면서 자기가 고집하는 것에 초점을 맞추어 엉뚱한 이야기를 늘어놓는 사람. 이런 사람들은 자존감이 낮기 때문에, 자신을 포장하기 위하여 거짓된 표현으로 상대를 이간질하거나 뒷말을 즐긴다. 이런 사람으로부터 근거 없이 떠도는 소문을 들었다 하더라도, 내 선에서 자르는 편이 현명하다. 입이 가볍거나 뒷말을 즐기는 사람은 신뢰할 수 없기 때문이다.

둘째, 매듭이 없는 사람. 무슨 일이든 멋있게 시작하는 사람은 많다. 하지만 끝을 멋있게 장식하는 사람은 드물다. 모임이든 단체든 중책 소임을 맡길 때는 그 모임의 대표로서 역할을 다해주길 바라는 것인데, 시작은 멋있게 해놓고는 자기 뜻에 맞지 않는다 해서 슬그머니 꼬리를 감추는 사람이 있다. 책임 회피형 사람이다. 대나무도 매듭을 지어야 성장하듯이 인간도 매듭을 지을 줄 알아야 한다. 대나무가 부러지지 않고 몇 미터씩 자랄 수 있는 이유는 마디 때문이다. 마디는 속이 빈 대나무의 강도를 높여준다. 시작을 했으면, 아무리 매듭짓기 힘든 일일지라도 어떤 식으로든 끝을 내는 습관이 중요하다.

셋째, 불평불만이 몸에 배어 있는 사람. 만나면 항상 투덜대는 사람이 있다. 자신은 모른다. 예를 들어 어떤 사물에 대해서, 긍정적인 사고방식과 시각을 가지고 있는 사람과 부정적인 사고방식과 시각을 가지고 있는 사람의 경우를 생각해보자. 후자 쪽은 늘 불평불만이 많을 수밖에 없다. 긍정적인 에너지는 마음의 상처를 치유하고 나를 자유롭게 한다. 반면에 부정적인 에너지는 마음에 상처를 남기고 나의 자유를 구속한다. 경제적으로 성공한 사람들을 보면 비관론자보다 낙관론자가 더 많다. 아이디어를 내고 계획하는 일은 비관론자도 할 수 있지만, 그 계획을 실천에 옮기는 일은 긍정적인 사고방식을 가진 사람이 하기 마련인 것이다.

넷째, 돈 이야기를 입에 달고 다니는 사람. 무슨 이야기든 돈으로 시작해서 돈으로 끝나는 사람이 있다. 항상 돈만 생각하며 산다면, 적은 돈은 모을 수 있다. 하지만 큰돈은 절대 벌 수 없다. 돈은 들어오는 속도보다 빠져나가는 속도가 훨씬 빠르기 때문이다. 큰돈이 들어올 구멍을 만들어놓고, 기회를 보다가 돈이 들어올 때 낚아채야 하는 것이다. 몇 푼의 돈에 얽매여 이해득실을 따지다 보면, 좋은 인간관계 따위가 만들어질 리가 없다. 반면에 인맥 관리를 잘하면, 이는 돈이 들어올 구멍을 만들어놓는 것과 진배없다. 돈이 전부는 아니다. 적은 돈이라도 어떻게 값있게 유용하게 사용하느냐가 중요하다. 정말 꼭 쓸 곳에 돈을 썼다면, 그 돈이 돌고 돌아서 다시 나에게 찾아오게 마련이다. 내 주머니에서 나가는 돈이 아깝다고 써야 할 곳에 제대로 쓰지 않는다면, 후에 가서 더 큰 경제적 손실을 입기 십상이다. 그 때문에 좋은 인간관계를 놓치게 될 수도 있고 말이다.

다섯째, 내키는 대로 행동하는 사람. 다른 사람의 처지나 입장은 전혀 고려하지 않고 내키는 대로 자기주장을 말하고 마구 행동하는 사람. 본인은 그런 자신이 강한 개성을 가지고 있을 뿐이라며 스스로를 합리화한다. 모임의 모든 사람이 다 그런 개성파들뿐이라면, 그 모임은 어떻게 될까? 개성이란 전체의 질서 속에 발휘되어야 빛을 발하는 법. 개인적으로 아무리 똑똑하고 완벽한 실력자라 해도, 공감해주는 사람이 없다면 아무런 소용이 없으리라.

사람과 사람 사이의 관계를 엉망으로 만드는 사람들. 어쩌면 나도 그런 사람 가운데 한 명 아닐까. 모임에서 '왕따'를 당하면서도 정작 나 자신은 이를 모르고 있는, 그런 경우 아닐까. 한 번쯤 뒤돌아보고 반성하는 것도 좋은 인간관계를 위해 꼭 필요한 일일 것이다.

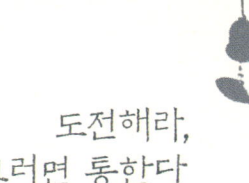

도전해라, 그러면 통한다

'말이 잘 통하는 사람'이란 화술에 능한 사람, 대화를 잘하는 사람이 아니다. '세상과 잘 통하는 사람'이 바로 그 사람이다.

세상과 통하지 않고는, 사람은 아무것도 할 수 없다. 세상과 통하기 위해서 사람은 삶의 목표를 가져야 한다.

나는 어떻게 살아야 할까? 뭘 해야 평생 행복하게 살 수 있을까?

10대 청소년들은 습관처럼 말한다.

"대학 가면 뭔가 해결되지 않을까?"

대학을 졸업하는 20대 젊은이들은 또 말한다.

"취업만 하면 뭔가 해결되지 않을까?"

꿈을 잡아야 한다. 가수 장기하는 고등학교를 졸업하고 뒤늦게 찾아온 사춘기에 큰 고생을 했다고 한다. 10대의 사춘기가 자기 정체성과의 싸움이라면 20대의 사춘기는 자신의 꿈과 현실의 싸움이었다. 장기하의 20대 사춘기를 사로잡은 고민은 이러했다.

"내가 좋아하는 음악을 하면서 과연 먹고살 수 있을까?"

현실적인 관점에서라면, 장기하의 질문에 대한 대답은 나오지 않는다. 그러나 장기하는 현명하게도 방법을 개척했다. 세상과 자신의 음악이 조화롭게 어우러지는 방법, 다시 말해 '세상 속에 자신의 꿈을 소통시킬 수 있는 방법'을 찾아낸 것이다.

꿈을 이룬 사람들은 대부분 외골수다. 온 세상이 뭐라 해도 나 혼자 '마이 웨이' 하는 사람들. 그런데 이제 시대가 다르다. 21세기에 꿈을 이루려면 세상에 내 꿈을 소통시킬 수 있는 방법을 찾아야만 한다.

일본 최고 갑부인 소프트뱅크 손정의 회장은 이런 말을 했다.

"배를 타고 바다를 항해할 때, 바로 눈앞을 보면 멀미가 느껴진다. 그러나 몇백 킬로미터 앞을 바라보라. 바다는 놀랄 만큼 평온하다."

지금 눈앞의 바다를 대하며 공포와 멀미를 느끼고 있는가? 시선을 저 넓은 바다로 향하라. 그래야 세상을 제대로 볼 수가 있다.

2008년, 취업난 속에 쟁쟁한 한국인 경쟁자들을 제치고 LG패션에 입사한 중국 청년 류웨이둥. 그는 중국 지린성의 산골 마을에서 자란 한족이다. 중국 다롄외국어대학교 일문과 중퇴, 한국외국어대학교 일본어과 졸업, 영미권 어학연수 경험 전무. 이력서에 오른 그의 '스펙'은 특별할 것이 없었다. 그럼에도 류웨이둥은 500 대 1의 경쟁을 뚫고 LG패션에 입사할 수 있었다.

류웨이둥이 최종 면접까지 올라올 수 있었던 힘은, 고학생으로 주경야독하며 살아왔던 지난 경험이었다. 최종 면접 날, 면접관이 류웨이둥에게 생산 부분에 지원한 이유를 물었다.

"회사에 돈을 벌어드리기 위해서입니다."

그의 대답에 면접관들 모두가 빙긋 웃었다. '물건'을 하나 건지겠구나 싶은 마음 때문이었다.

류웨이둥이 당차게 대답을 이어갔다.

"보병 경험이 있어야 훌륭한 장군이 될 수 있지 않겠습니까? 일의 시작은 당연히 생산 부분에서 시작해야 한다고 생각합니다."

그러면서 자신의 치열했던 삶을 요약해 들려주었다. 그 속에는 한국에서 유학생활을 하며 의류회사 비정규직으로 일했던 경험도 들어 있었다. 그의 설명을 다 듣고 난 최고 경영자가 이렇게 말했다.

"자네는 보병이 아니라 직접 장군을 해도 되겠군."

합격. 전국의 취업 준비생들이 그리도 바라는 단어. LG패션의 최고 경영자가 류웨이둥의 이름 옆에 그 두 글자를 써넣는 데는 조금의 망설임도 필요하지 않았다.

류웨이둥의 자신감은 어디서 나온 것일까? 경험. 바로 그의 경험이다.

2001년 중국, 농사짓는 부모님 수입으로는 더 이상 공부를 지속할 수 없기에 류웨이둥은 대학을 중퇴하고 일자리를 구해야 했다. 당시는 한국과 일본의 기업들이 앞다퉈 중국에 투자하던 시기였다. 류웨이둥은 한일 합작 봉제공장에 어렵지 않게 들어갈 수 있었다.

공장에서 그는 간단한 통역 일을 시작했다. 한족이었지만 조선족 학교를 다닌 적이 있어 한국어를 조금 할 줄 알았기 때문이다. 대학에서 배운 일본어도 도움이 되었다. 성실하게 업무를 익힌 그는 얼마 지나지 않아 통역뿐 아니라 주문에서 납품까지를 담당하게 되었다.

류웨이둥은 먼 바다를 향해 시선을 돌렸다. 한국·중국·일본 세 나라를 오가며 일을 하자. 그러기 위해서는 먼저 한국에 가서 더 배우자. 2년 후, 그는 알뜰하게 모은 돈 150만 원을 들고 한국으로 건너왔다.

한국에서는 한국외국어대학교 일본어과를 다니며 중국어 과외와 식당 일을 했다. 주말에도 의류회사에서 일하며 학비와 생활비를 마련했다. 구로동 회사 근처 고시원에 살며 통학하는 지하철 안에서 책을 내려놓지 않았던 류웨이둥. LG패션에 입사한 그는 원단 구매 업무까지 그 출중한 실력을 어김없이 과시했다. 중국 모피 생산업체와 직거래를 뚫는 일을 해낸 것이다. 그는 대행사를 통할 때보다 가격을 30퍼센트나 낮출 수 있었다.

'회사에 돈을 벌어다 주겠다'던 류웨이둥의 말은 면접을 앞두고 준비한 허세가 아니었다. 고된 노력과 실전 경험이, 그에게 든든한 자신감을 선사했던 것이다.

취업을 위해 학원과 도서관만을 왔다 갔다 하는가? 한 번쯤은 현장 속으로 들어가 보라. 그 속에 길이 있다.

　오늘 이 시간. 내 인생에 다시는 돌아오지 않는 순간. 백지 위에 10년 후 20년 후의 내 모습을 그려넣어 보자. 세상과 소통하는 사람이 되려면 우선 꿈을 찾아야 한다. 꿈이 바로 목표이다.

　　　　　– 대천여자고등학교, 수능시험을 100일 남겨놓은 수험생들에게 강의한 내용

관계의 용기

신록의 물결이 바람 따라 출렁이는 5월, 담양 향원당에 가서 관심 있는 책 몇 권을 사들고 왔다. 책에 소개된 레시피에 따라 다식을 만들고 있는데, 누군가가 현관문을 열고 들어섰다. 들릴 듯 말 듯 나를 부르는 목소리.

그 얼굴을 보는 순간, 반가움에 잠시 할 말을 잊고 말았다. 그녀에게 쌓여 있던 내 감정들이 와르르 녹아내리는 기분. 나를 찾아오기까지, 그녀는 아마도 몇백 번은 고민하고 몇백 번은 망설였을 것이다. 그러다가 힘겹게 용기를 내었으리라. 그걸 잘 알기에 더욱 반갑고 고마웠다.

마음 한곳에 늘 그녀에 대한 미안함이 있었다. 덧없는 가정일지 모르지만 내 밑에서 일을 하지 않았다면, 그런 인연을 맺어주지 않았다면, 그녀도 25살 나이에 어울리는 삶을 충분히 즐기며 살지 않았을까.

내 곁에 있던 그녀가 결혼이라는 명분으로 떠나가고 그 자리를 채운 갖가지 소문과 오해와 말들. 서운함과 안타까움 가득한 감정들.

마음에 상처를 주고받는다는 것은, 돌이켜볼 때 딱 내 마음의 그릇 크기다. 그릇을 비워내면 편안한 마음을 가지고 더 바라보고 챙겨줄 수 있었을 텐데, 내 수행의 부족으로 그러지를 못했다. 그녀에게 건 기대만큼 서운함이 컸던 것이다. 나 스스로 만들어놓은 욕심이었다. 그로 인해 나 스스로를 힘들게 하고 말았던. 얼마나 더 수련에 열중해야 이런 문제 앞에서 자유로울 수 있을지.

모든 것이 그녀의 운명이고 업일까. 결혼 후 두 달 만에 남편을 잃는 슬픔을 겪어야 했고, 그 아픔을 어렵사리 치유하고 새 출발을 다짐하는 나날. 그 마음을 내게 보여주기 위해서 인사차 찾아온 것이었다.

할 이야기들이 많았다. 그러나 말을 아꼈다. 지난 이야기를 회상하기엔, 그녀도 나도 상처의 여운이 남아 있기에.

"한국을 떠나기 전에…… 스님께 꼭 인사를 드려야 할 것 같아서요."

그 눈가에 맺힌 그 눈물방울을 나는 이해한다. 자신과의 싸움이 그 얼마나 힘들었을지 또한 모르지 않는다.

"제게 해주신 충고, 진심이라는 것을 잘 알기 때문에 새 출발해서 잘 살겠습니다"라는 그녀의 목소리, 아직도 내 귓가에 선하게 남아 있다.

세상 모든 사람은, 결국 다른 사람과 관계를 맺으면서 살아가야 한다. 세상의 수많은 관계들. 다른 이와 좋은 관계를 유지하기 위해서는 '소통'이 중요하다. 소통이 없으면 갈등이 생기고 갈등이 생기면 몸과 마음이 멀어진다.

좋은 관계였던 이를 떠나보내는 것만큼 상처가 깊은 일은 없다. 좋은 관계를 오래도록 유지하기 위해서는 관계의 갈등이 깊어지기 전에 문제점을 파악하고 원인을 해결하려는 노력이 필요하다.

관계에 성공한 사람은 세상에 성공한 사람이다. 관계에 성공한 사람은 자산이 풍부한 사람이다.

  늦게나마 관계 회복을 위해 노력한 그녀의 용기에 박수를 보낸다. 내 마음 한 구석에 자리했던 미안함을, 이제는 조금 내려놓을 수 있을 것 같다.

백련
시집보내는 날

만 5년을 눈높이에서
수만 송이 환한 미소로
내 혼을 불러
빛깔과 향기를 나누면서
피고 지고 하더니,

지금 그 자리,
몸집이 빠져나간
웅덩이만 남아
아침 포행길
내 발목을 잡고
그리움이 무엇이냐고 묻는다.

   몇 년 전 아랫집을 구입했다. 농지라 사찰 앞으로 등기를 할 수 없어서 내 개인 명의로 등기를 마쳤다. 세원사의 모든 토지는 먼저 농지를 구입하여 농지 전용 허가를 내고, 후에 종교 부지로 바꾸는 작업을 통해 만들어진 도량이다. 농지 전용을 할 때는 일정한 평수를 넘기면 안 되기에, 법이 허용하는 범위에서 전용하고 또 몇 해를 기다렸다가 전용 허가를 받아야 한다.

그때까지 잡풀만 키울 수가 없어 생각한 것이 백련. 인취사 혜민 스님께 배운 대로 250통이나 되는 고무 대야를 구입해 논땅에 묻고 손수 백련꽃을 키워 5년 가까이 즐길 수 있었다. 한여름에는 매일 세 시간씩 물을 주어야 하는 노동이 뒤따르기는 했지만 그래도 행복했다. 멀리 나가지 않고 내 눈높이에서 바라다볼 수 있는 위치에서 피고 지는 연꽃을 마음껏 완상할 수 있으니, 수행자가 가지는 행복으로 이만한 것이 어디 있겠는가?

수행자가 출가한 뒤 생긴 모든 재산은 삼보(三寶)의 것이다. 개인의 재산으로 소유해서는 안 된다. 다만 주지에게는 그 삼보의 재산을 관리하고 키울 권한이 있다.

내 개인 명의로 되어 있는 250통의 백련 정원. 때가 되면 세원사로 돌려주어야 하기에 늘 쫓기는 심정이었다. 농지 전용 허가를 하면 백련을 키울 수가 없다. 허가에 맞게 활용해야 하기 때문이다.

농지 전용을 해야겠다고 마음먹은 날부터, 아침저녁 연 밭을 지날 적마다 그들에게 말을 건넨다.

'어디로 너를 보내주어야 행복할 수 있을까? 꽃은 꽃대로, 잎은 잎대로, 가을과 겨울의 퇴색해가는 모습까지 기뻐하며 행복을 느낄 수 있는 곳이 어디일까?'

마침 참배차 이곳을 방문한 농촌기술센터 과장 한 분에게 나의 고민을 전했다. 많은 사람들에게 백련을 보급해서 농가에 조금이나마 소득이 될 수 있는 방법이 있지 않을까. 다행히도 흔쾌히 답이 돌아왔다.

며칠 후 일이 있어 서울로 가고 있을 때였다. 유진 스님으로부터 전화가 왔다. 백련 작업을 하기 위해 크레인을 비롯해 차량 여러 대가 절 마당을 에워싸고 있다고 했다. 어디로 가는지는 모르지만 한 차씩 가득 실어가고 있다고.

'떠나는 백련에게 작별인사도 못 하는구나.'

서울에서 일을 보는 동안 내내 마음에 걸렸다.

세원사에 돌아왔을 때, 작업은 거의 마무리 단계였다. 백련들은 다 어디로 떠나갔는지 고무 대야가 빠져나간 웅덩이들…….

이튿날, 농촌기술센터 과장님이 종이 한 장을 건넸다. 백련을 분양한 곳들 명단이었다.

기술센터만으로는 공간이 부족해서, 학교들에 공문을 보내어 희망하는 곳에 분양을 했다는 것이다. 개인 농가도 좋지만 청소년들이 보고 느낄 수 있는 학교라면 더욱 의미가 깊을 터. 다행스러웠다. 백련이 떠나간 서운함(?)이 조금 가시는 것 같았다. 미처 생각지도 못했던 일을 추진해준 농촌기술센터 측에 다시 한 번 감사드린다.

세원사에 남은 30통을 제외하고 웅천초 4통, 송학초 4통, 대천중 12통, 주산산업고 18통, 대천여고 5통, 대관초 12통, 동대초 1통, 오천초 1통, 보령중 5통, 대명예석 48통, 기술센터 36통, 청소면 4통 등등. 백련 250통은 인연 있는 이들에게로 시집을 떠났다.

한동안 세원사 뜰 안에 한가득 기쁨을 주었던 백련들. 이제 보령 구석구석으로 흩어져 다시 아름다운 자비의 꽃을 피우리라.

꽃들이 떠나간 자리에는 주차장이 들어설 예정이다. 다소 삭막해 보일지는 모르지만, 넓은 주차장이 생기면서 불자들이 더욱 편리하게 세원사를 오갈 수 있다면, 이 역시 의미 있는 일일 것이다.

꽃이 필 무렵 시집간 백련들을 만나러 다시 길을 나설 것이다.

윤회의 탑

세원사에 예쁜 3층 소각장이 만들어졌다.

소각(燒却)이라 함은 으레 일상의 것들을 태우는 것으로 여긴다. 하지만 단순히 태워 없애는 것이 아니라 다시 일상의 것들이 살아서 오게 하는 것, 탄생할 수 있는 무엇인가를 만들어내는 것으로 바라본다면 이것은 분명 환생과 소멸이 오고 가는 윤회임이 틀림없다.

그래서 세원사에서는 소각장을 '윤회의 탑'이라 이름 하였다.

평담 거사가 세원사의 주차장 공사를 맡으면서, 일을 마치고 소각장을 새로 짓고 나가겠다고 했다. 그리하라고 했을 때 나에게 소각장의 의미는 그저 일상의 것을 태우는 것 외에는 별다른 게 없었다. 현재 있는 것보다는 좀 더 나은 것으로 단장하는 것쯤으로 여겼던 것이다.

평담 거사에게는 주차장 공사보다는 그동안 손보지 못한 도량 구석구석을 정리하는 것이 1순위인 것처럼 보였다. 마치 절에 가기 전 몸도 마음도 단정하게 하기 위하여 목욕재계하는 불자처럼, 그에게는 도량 정리가 마치 소각장을 짓기 전 목욕재계인 것 같았다.

주차장 공사를 마치고도 소각장을 지으려고 불러온 사람더러는 20여 년 동안 한 번도 가지치기하지 않았던 나무들을 아주 깔끔하게 정리하게 했다. 그는 벽돌 쌓는 것이 전문이라고 하면서 전지가위 하나로 나무를 만지는 솜씨가 여느 조경전문가 못지않았다.

이렇게 도량 구석구석의 나무들을 말끔하게 정리하고 난 다음에야 소각장을 짓기 시작했다.

이미 평담 거사의 머리에는 소각장을 탑 모양으로 만들겠다는 밑그림이 그려져 있었지만 그 모습을 눈으로 확인할 수 있는 설계도면 따위는 없었다. 시공자는 한 번도 탑을 만들어본 적이 없어 어떻게 모양을 잡아가야 할지 사흘 밤을 고민했다고 하지만 그의 손놀림은 전문가답게 노련했다.

첫날에는 1층을 완료했고 둘째 날에는 2층을 완료하려고 했는데 소나기가 쏟아져 마무리를 못 하고 돌아갔다. 셋째 날에 3층이 올라가니 어느 정도 윤곽이 나왔다.

이 모습을 바라보는 평담 거사의 입가에는 뿌듯한 듯 미소가 그득했다. 그 미소는, 탑 모양으로 소각장을 지어달라고 주문만 했지 본인도 어떤 모양이 나올지 몰랐기에 그 시공자의 솜씨와 재능에 놀라면서 결국 탑 모양으로 하기를 잘했다는 자부심에서 우러나오지 않았나 싶다.

마무리까지 일주일이 지나서야 소각장은 제 모습을 갖추었다.

공사하는 동안 일기예보에도 없는 폭우성 소나기가 잦았다. 벽돌이 물을 머금고 있는 동안에는 일할 수 없다는 시공자의 원칙에 따라야 했기 때문에 나와 평담 거사는 빨리 탑이 보고 싶다고 요구할 수도 없었다. 그의 원칙에 동감했기 때문이다. 그래서 생각보다 공사가 더 지연되었는지도 모른다.

나는 이번에 도량 정비를 하러 들어온 인부와 내 이웃들을 바라보면서 새삼 불교에서 말하는 '습(習)'의 의미를 더 많이 생각하게 되었다. 습은 익힌 버릇을 말하는 것인데 이것은 현생에서 익힌 것만 말하는 게 아니라 전생을 통틀어, 수백 생 수천 생 동안 익힌 버릇이 계속 이어져 현생의 자신에게까지 전해지는 것을 말한다.

배우지도 않았는데 이생에서 잘하는 것이 있다면 모두 습의 작용일 것이다. 시공자처럼 벽돌을 잡았을 때는 벽돌공이면서도 전지가위를 잡았을 때는 정원사 못지않게 가지치기를 잘할 수 있었던 것은 모두 다겁생에 익힌 습이 그의 몸에 배어 있었기 때문이다.

한편 집을 짓는 데 대들보만 가지고 집을 지을 수 없는 것처럼 어떤 한 공사를 잘 마무리하기 위해서는 다양한 소질(습)을 가진 사람들이 있어야만 한다. 조그마한 공사를 하는 데도 분야에 따라 습으로 익힌 몸짓이 다르기 때문이다. 어떤 사람은 미장을 잘하고 어떤 사람은 삽질을 잘하고, 어떤 사람은 기운이 좋아 무거운 것도 척척 들어 옮긴다. 이러한 여러 습들이 모여야 비로소 집 한 채가 완성되는 것이다.

폭염과 장대비가 번갈아가면서 공사를 방해했지만 열심히 일하는 이의 즐거움까지 방해하지는 못했다. 하지만 이런 사람이 있으면 저런 사람도 있는 법. 이번 기회에 덕 좀 보겠다는 내 이웃들의 작태에 나는 그만 화를 내고 말았다. 그냥 넘기지 못하고 옳고 그름을 따진 것도 내가 익혀온 습인지도 모르지만 수행자답게 좀 더 그들의 마음을 헤아리지 못한 나 자신에 부끄러움이 인다.

우리가 살아가면서 어떻게 좋은 습만을 익히겠는가마는 자신의 나쁜 습이라도 판단할 수 있는 능력 역시 중요하다. 그 능력이 있는 사람은 반드시 자신의 나쁜 습을 고칠 수 있기 때문이다. 이 또한 인간만이 가지는 장점이 아닐까 하는 희망을 가져본다. 나 역시 나쁜 습을 고쳐나가야 하겠기에…….

일상의 것을 태워버리고, 다시 일상의 것으로 돌아오도록 하는 예쁜 소각장 앞에서, 나의 못난 습들도 빨리 태워 다른 모양으로 바꾸는 것으로 그 날의 부끄러움을 대신하고 싶다.

참고로 윤회의 탑은 평담 거사님이 시주했고 김유경 님께서 시공했는데, 그동안 처음 해보는 작업이라 하면서 즐거워하는 모습을 내내 기억하리라…….

비서실에서
일어난 일

　시청에 볼일이 있어 시장실 옆을 지나가던 중, 발걸음이 절로 멈추어 섰다. 나뿐만 아니라 그 옆을 지나는 모든 사람들이 무슨 일인가 싶어 기웃거리고 있었다. 비서실 안쪽에서는 정말 살아가면서 한 번도 듣기 어려운 온갖 욕설이 난무하고 있어 깜짝 놀라고 말았다.

　공무원들이 무슨 대단한 권력이라도 가졌느냐, 허가민원과 직원 귀쌈뺑이를 올려붙이고 왔다, 말 안 들어주면 칼로 목을 따버리겠다, 의기양양 자랑삼아 소리치는 모습. 총무국장 새끼 나와라, 의장 새끼 나와, 시장 새끼부터 만나보아야겠다는 둥. 민원이 있어 오신 분들한테도, 노가다나 택시 기사도 만나고 시장이 개나 소나 다 만나니 세상 좋아졌다는 둥. 글로도 차마 적지 못할 만큼 심한 욕설을 퍼붓는 그 사람.

　결재하던 공무원도 줄을 서 있었고 민원인들도 많았는데 순서 따위는 안중에도 없다는 듯이 다짜고짜 비서실로 들어가 소리를 지르고 시장님 이름에도 폭언을 서슴지 않으며 어서 나오라고 하는데 정말 어이가 없었다. 그리고 술 냄새가 아주 많이 났다.

　나는 시민의 한 사람으로서 정말 부끄러웠다. 그 사람이 요구하는 것이 무엇인지, 또 분노를 일으킬 만한 상황이었는지는 모르지만, 우선 음주한 상태였고 다른 민원인처럼 순서를 기다리는 것도 아니고 폭언을 하면서 공무원 뺨을 때렸다고 몇 번씩이나 자랑스럽게 이야기하는 것 같아 정말 제

정신일까 하는 의심마저 들었다. 게다가 개인 사무실이 아닌 공공기관에서 있을 수 있는 일인가 싶었다.

　한국이 G20에 들어갔다고 축하하던 때가 엊그제 같은데 그분은 시민으로서든 국민으로서든 정말 후진국에 버금가는 수준이었던 것 같다. 물론 시장은 신분을 가리지 않고 시민들을 만날 의무가 있고 민원인들의 고충도 들어주어야 할 것이다. 시장에게 건의할 사항이 있고 할 이야기가 있었다면 절차를 밟고 순서를 지켜야 한다. 그런데 폭언을 하면서, 그것도 사회적으로 어느 정도 높은 위치에 계시는 분을 나와라 마라 하는 것은 정말 몰상식한 행동이다. 더군다나 시장은 시민을 대표하는 사람이며 우리들이 뽑은 사람이다.

　어디를 가든 그 사람의 '자리'라는 것이 있고, 그 자리에 맞는 예우가 있는 법이다. 개인적으로 감정이 있다 하더라도 우리는 그 자리에 있는 사람에게는 그가 있는 자리에 걸맞게 대우해주는 것이 일반 상식이다. 정말 그분은 이런 일반 상식조차 염두에 두고 살지 않는 분이었던 것 같다.

　많은 사람이 시장님께 가서 하소연도 하고 불만을 털어놓을 것이다. 하지만 그러기 전에 자신부터 충분한 소양을 갖추어야 하지 않을까? 자기의 분노조차 조절하지 못하여 공무수행에 지장을 초래하고 민원인들에게 공포 분위기를 조성하여 내가 살고 있는 이 도시의 명예와 권위를 추락시키는 행동은 같은 시민으로서 수치심을 느끼게 한다.

 그날 많은 분들이 와서 말리고 달래고 하여 소란은 일단락됐겠지만 나는 자세한 사정은 모른다. 그리고 그 사람이 무엇을 하며 어디에 사는지도 모른다. 알아보면 내 가까운 이웃인지도 모르지만 혹 만나면 그 모습이 떠오를까 봐 알려고도 하지 않았다.

 우리나라가 선진국이라면 우리 스스로 선진국의 시민답게 자신의 수준을 끌어올리는 것이 우선일 것이다. 그 수준은 누가 만들어주는 것이 아니라 우리 스스로 다듬고 만들어가야 하는 일이다.

소통의 길을 향하여

떠남은 단순히 자리를 비우는 것이 아니다. 진정한 나를 만나는 길이다.
나를 만나는 길은 하나의 소통이며 소통은 치유의 길이기도 하다.

비구니회 유럽 연수기
– 소통과 치유의 길

2007년 7월 17일부터 8월 1일까지, 전국비구니회가 주관하는 유럽 연수가 있었다. 이에 동행하지 않겠느냐는 제안을 처음 받았을 때, 주변의 잡다한 일상을 떨치고 나선다는 게 쉬운 일이 아니기에 조금 망설였다. 그러나 용기 내어 동참의 뜻을 굳혔다.

떠남은 단순히 자리를 비우는 것이 아니다. 진정한 나를 만나는 길이다. 나를 만나는 길은 하나의 소통이며 소통은 치유의 길이기도 하다.

나는 운문사 14기로 1980년도에 졸업을 했다. 이후 명성회장 스님을 모시거나 자주 뵐 수 있는 시간은 전혀 없었다. 운문사는 풋풋한 20대의 열정이 추억으로 남아 있는 곳. 그리운 명성회장 스님이 늘 계시는 마음의 고향 같은 곳이다.

그런데 이번 유럽 연수에 명성회장 스님을 비롯해 평소 존경하는 선후배 스님이 동행하기로 했다는 것이다. 그 자체만으로도 설레는 일, 언제 이런 기회가 또 올까. 어렵게 외유에 동행하기로 결정한 데에는, 이런 마음 끌림이 내심 작용하기도 했다.

출발 당일. 인천공항에서 반가운 얼굴들을 만났다.

그간의 안부를 여쭙고 인사를 나누다 말고, 작은 소동이 시작되었다. 일행 중 한 사람이 여권을 가져오지 않았던 것이다. 어쩔 줄 모르고 발만 동동 거리던 그분은 결국 다음 날 비행기를 타게 되었다. 다른 여행사처럼 일괄적으로 여권을 미리 챙기지 않은 탓이었다.

 출발부터 삐걱거리기 시작한 여행사와의 관계가, 순례 길 내내 발목을 잡았다. 여행사 직원끼리도 말이 서로 달라 우리가 겪는 불편이 한두 가지가 아니었다. 그 탓에 남몰래 가슴앓이를 하는 이는 연수 단장님이었다.

 환경이 그러했을 뿐, 짧지 않은 외유는 값진 경험이었다.

 모든 일정을 마치고 귀국해 저마다의 자리로 돌아간 선후배 스님들. 주어진 위치에서 수행과 가람수호에 정진하실 그분들을 대신해, 순례한 나라마다 보고 들은 이야기들을 간단하게 정리해볼까 한다. 독일 함부르크대학에서 열린 학술대회에 참관한 이후 스위스, 오스트리아, 이탈리아, 모나코, 프랑스의 순서로 순례했다.

Switzerland
스위스

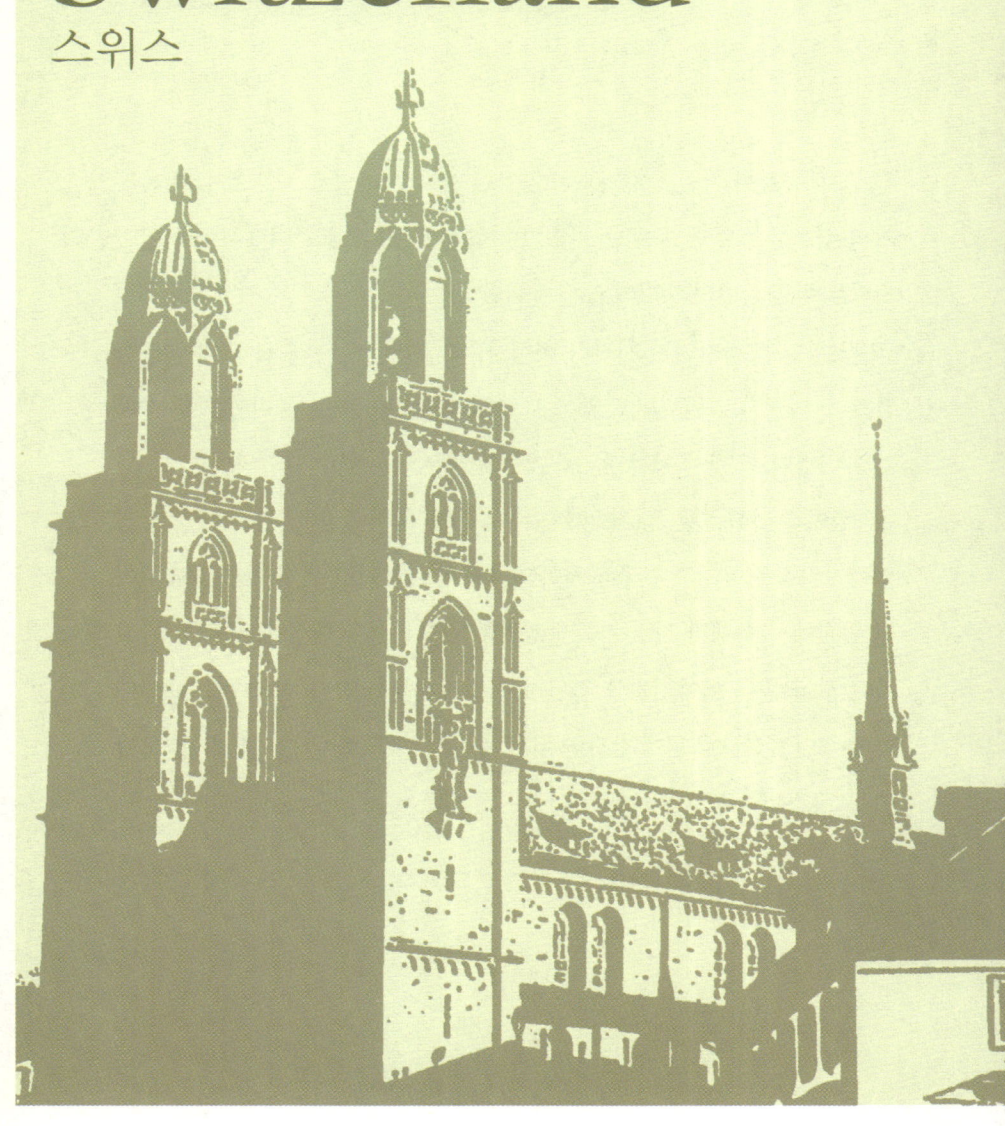

7월 21일 토요일, 첫째 날. 상업도시이자 아름다운 무역항인 독일 함부르크에서 3박 4일의 공식 일정을 모두 마친 우리 일행은 스위스 취리히로 출발했다.

알프스를 배경으로 만년설과 호수, 깨끗한 도시 및 시골 정경, 잘 정비된 시설과 교통 서비스, 최고 수준의 관광자원을 보유·관리하고 있는 스위스는 문화 유적을 가진 관광지라기보다는 휴양지에 가까웠다. 수도는 베른이며 인구는 약 7,252만 명. 취리히, 제네바, 로잔, 루체른 등이 주요 도시들이다. 취리히와 로잔이 우리의 순례 코스였다.

스위스 교통과 경제의 중심, 취리히

국제도시로 명성이 높은 취리히는 스위스의 제1의 도시로서 경제·문화·예술의 중심지다. 이미 2,000년 전 로마시대 때부터, 지리적인 유리함을 살려 세관 취리콤(현 린덴호프)이 설치되었는데, 현재의 지명은 여기에서 유래했다고 한다.

도시의 내력은 칼 대제와 관련된 것이 많았다. 14세기 초 루돌프 브룬에 의해 길드조합정부가 들어섰고, 1351년에 스위스 연방에 가입했다. 특히 한스 발트만 시장 때 큰 발전을 이룩했으며 16세기 초 종교개혁 당시 츠빙글리의 활동 본거지이기도 했다. 18세기 교육자 페스탈로치의 "가난한 사람에게도 교육을"이라는 외침을 지지한 도시로도 유명하다.

취리히는 19세기 초부터 스위스의 교통과 경제의 중심지로 성장, 20세기 초에 일어난 전위예술운동인 다다이즘의 중심지가 되기도 했다. 현재는 스위스 중앙은행 본사, 재보험회사 본부, 세계 4위의 큰 증권회사 등이 들어

서 있다. 인구 33만 8,600명 정도의 작은 도시이지만 세계의 여느 도시 못지 않게 살기 좋은 도시이다. 취리히의 상징은 사자로, 호숫가에 사자 동상이 있다.

관광명소로 중앙역(1871년 지어진 호화로운 역사), 반호프 슈트라세(쇼핑거리), 톤할레(전통적인 음악홀), 프라우 뮌스터(수도원), 성 피터 교회, 린덴호프(로마시대 세관), 마이센 길드 회관(바로크 건축물)이 있다고 현지 가이드가 설명했지만 시간관계상 차 안에서 설명만 듣고 스쳐 지나는 곳이 되었다.

금강산도 식후경이듯, 외유를 다닐 때 중요한 것 중 하나가 식사를 해결하는 문제다. 스님들을 위한 식탁은 늘 채식이고 우리 또한 그것을 원한다. 순례 길에서도 현지식보다는 우리식을 따라야 하는 것이다.

점심을 먹기 위해 안내를 받은 곳은 고려정이라는 한식집이었다. 집 나와서 입맛 타령하는 것이 우습지만, 정말이지 입맛에 맞지 않는 된장찌개였다. 지구 반대편이니까 겪게 되는 일이라 생각하며 그릇을 비워야 했다. 어쩔 수 없었다. 그래도 우리는 수행자니까.

점심공양 후 로잔으로 이동했다. 몇 차례 이곳을 방문했다는 이향순 교수의 소개로 가장 아름다운 도로를 선택해 달렸다. 그림이나 영화로만 보아왔던 알프스 산맥과 녹원 짙은 호수. 화가는 그림으로 옮겨놓기가 힘들고 시인은 어떤 언어로도 묘사하기 힘들 풍경들이었다.

중간에 뉴샤텔 호숫가에서 잠시 멈추어 맛있는 치즈와 커피 한 잔의 여유를 갖기로 했는데, 왕소금만 한 우박과 소나기가 내리는 바람에 꿈을 접어야 했다.

쇼핑가를 다니면서 스위스에서만 만날 수 있는 칼과 시계 등의 상품을 구경하는 일도 즐거웠다. 특별히 나를 불러 예쁜 볼펜을 쥐여주던 성정 스님, 그 펜으로 좋은 시 많이 쓰라며 미소를 지어 보이셨다.

로잔의 한국 사찰, 법계사

7월 22일 일요일, 둘째 날. 고속도로 휴게소의 작은 모텔에서 하룻밤을 지낸 일행은 로잔으로 향했다.

로잔은 레망 호수 북쪽 연안의 중심부에 위치해 있다. 제네바와 베른, 취리히 방면을 연결해 테제베로 파리까지 이어지는 교통의 중심지다.

호반의 우시 지구와 언덕 위의 중심가로 나뉘며, 미니 지하철이 두 지역을 이어주고 있다. 구 시가지에 대성당이 우뚝 솟은 역사 깊은 마을로 유명하고 최근에는 국제올림픽위원회와 올림픽박물관이 들어선 올림픽 도시로도 유명하다. 많은 미술관이 있으며 음악과 발레 등 예술 활동이 활발한 문화도시이기도 하다.

로잔의 일정 가운데 법계사라는 사찰을 방문했던 것이 의미가 컸다. 법계사는 무진 스님이 몇 해 전 포교하기 위해 세운 한국 사찰. 이곳에서 교민들을 위한 명성회장 스님의 법문이 준비되었던 것이다.

무진 스님은 캐나다 출신으로 인홍 스님의 상좌이며 석남사에서 잠시 본 적이 있는 눈 푸른 스님이다. 이곳 로잔의 조그마한 도시에 사비를 털어 한국 절을 만들고 서투른 한국어로 포교하는 보살의 화현이다. 근방에 한국 절이 없기 때문에, 신도들은 서너 시간씩 걸려서 법계사에 찾아와 법회를 보고 한국 음식을 만들어 먹기도 한다고 했다.

명성회장 스님의 법문 장소로 마련된 곳은 법계사가 아닌 마을회관이었다. 부처님 오신 날 등의 큰 행사 때에는 늘 그 마을회관을 빌려 사용한다고 했다. 가정집을 개조하여 부처님을 모시고 있는 법계사에서는 많은 인원을 수용할 수 없기 때문이다.

스님은 육바라밀에 관해 법문을 하셨다. 점심공양을 하기 위해 펼쳐진 식탁 위, 야생화 꽃꽂이가 놓여 있었다. 어떤 도구도 없이 식탁 위에 편안하게 한 묶음 놓여 있는 소박한 모습이 참 인상적이었다. 해바라기와 야생화가 어우러진 꽃꽂이와 잘 어울리는 그날 메뉴는 비빔밥이었다.

점심공양 후 일행은 법계사를 잠시 참배한 뒤 교민 신도들이 마련해준 차량으로 근처 호숫가를 산책했다. 이곳에서는 버스기사가 11시간 이상 차량을 운행하면 벌금을 내야 하고, 주행 2시간마다 20분씩 쉬어야 하는 규칙이 엄격하게 정해져 있다고 한다. 또 버스 안에서는 음식물을 섭취할 수 없다고 한다. 현지 문화를 존중해줄 수밖에. 정해진 시간 외에는 차량을 이용할 수 없기에 교민 불자들이 호수까지 차량을 보시해주었다.

 이런저런 마음을 써준 무진 스님으로부터 저녁공양까지 융숭하게 대접을 받고 루체른으로 떠나 왔다.

Austria
오스트리아

7월 23일 월요일. 루체른에서 하룻밤을 머물고 다섯 시간을 이동해 오스트리아 인스부르크에 도착했다. 스위스에서 오스트리아로 국경을 넘어온 것이다.

1278년 합스부르크 왕가의 속령이 된 오스트리아는, 이후 합스부르크 왕가가 신성로마제국의 황제를 겸하고 강력한 절대주의 국가를 형성하며 중부 유럽을 지배했다. 1867년에는 오스트리아-헝가리제국을 건설하여 지금의 동부 유럽 및 소련을 포함한 광활한 지역을 지배했다. 그러나 제1차 세계대전에 패함으로써 국토가 전쟁 전의 4분의 1로 줄어들었다. 제2차 세계대전에도 패해 미국, 영국, 프랑스에 의해 분할 점령되었다가 1955년 조약에 따라 영세중립국으로 독립했다. 현재 내각책임제를 채택하는 민주주의적 연방공화국으로, 의회는 양원제로 구성되어 있다.

주요 산업은 건설업과 금융보험업의 서비스업이며 알프스 산 등 자연환경을 바탕으로 한 관광 산업도 꾸준히 발전하고 있다. 총인구는 750만 명으로 대부분이 게르만족이며 체코슬로바키아, 루마니아 등 동유럽계, 유대계도 일부 거주하고 있다.

오스트리아는 문화적 자긍심이 매우 강한 나라다. 하이든, 모차르트, 베토벤, 슈베르트, 브람스 등 세계적인 음악가를 배출한 나라가 바로 오스트리아다. 우리가 방문한 도시는 인스부르크와 잘츠부르크였다.

합스부르크 왕가의 찬란한 흔적, 인스부르크

인스부르크에서는 황금지붕과 마리아 테레지아 거리, 구 시가지를 순례했다.

헤르초크 프리드리히 거리의 막다른 곳, 인스부르크의 상징인 양 황금지붕이 찬란하게 빛나고 있었다. 16세기에 황제 막시밀리안 1세가 광장에서 개최되는 행사를 구경하기 위해 발코니 위에 설치한 이 지붕은 금박 입힌 동판 2,657개로 덮여 있다. 발코니에는 여덟 영지의 문장과 황제·왕비상 등이 부조로 조각되어 있었으며, 벽은 프레스코화로 장식되어 있었다. 그 내부에는 올림픽 박물관이 있다.

마리아 테레지아 거리는 인스부르크 시를 가로지르는 중심 거리다. 신성 로마제국 카를 6세의 장녀이자 남편 프란츠 1세와 함께 통치했던 마리아 테레지아 왕비로부터 이름을 땄다고 한다. 마리아 테레지아는 뛰어난 정치력을 발휘하여 제국을 이끌었다. 또한 훗날 프랑스의 루이 16세의 왕비가 되는 마리 앙투아네트를 비롯한 16명의 자녀를 두었다.

남북으로 가로지르는 이 거리는 시를 관광하기에 가장 좋은 장소였다. 지나쳐가는 티롤 지역 복장의 행인들을 바라보는 것만으로도 오후 한때를 여유롭게 보낼 수 있었다. 17~18세기 양식의 가옥들이 거리마다 고풍스러움을 더하고 있었다.

간단하게 시내를 둘러보고 잘츠부르크로 향했다.

영화 〈사운드 오브 뮤직〉의 배경, 잘츠부르크

7월 24일 화요일. 잘츠부르크의 미라벨 정원과 호헨잘츠부르크 성, 게트라이데 거리를 방문했다.

볼프 디트리히 주교는 성직자이면서도 평민의 딸이었던 살로메 알트를 너무나 사랑했다. 주교의 신분임에도 모든 비난으로부터 자신의 사랑을 지켰는데, 살로메와의 사이에서 10명의 아이를 낳았으며 1606년 그 가족들을 위하여 잘자츠 강 주변에 알텐아우라는 궁전을 지었다.

물론 가톨릭 종교단체와 시민들의 반응은 차가웠고, 그는 결국 요새에 감금되어 쓸쓸히 죽음을 맞이하게 된다. 후대의 주교들은 그의 지난 흔적들을 지우기 위해 이 궁전과 정원의 이름을 미라벨(아름다운 전경)이라고 바꾸었다. 물론 이곳의 아름다움까지 바꾸지는 못했다.

미라벨 궁전 앞에 펼쳐진 미라벨 정원. 잘츠부르크 시내에서 가장 유명한 이곳은 예전에는 궁전에 속해 있어 일반인들이 함부로 들어올 수 없었다. 하지만 지금은 일반인들에게 완전히 개방되었고, 바로크 양식의 전형을 보여주는 아름다운 분수와 연못, 대리석 조각물, 꽃 등으로 장식되어 있다. 정원 서쪽에는 1704년에서 1718년 사이에 만들어진 울타리로 둘러싸인 극장이 자리하고 있다. 영화 <사운드 오브 뮤직>의 무대로도 유명한 이곳에서 호헨잘츠부르크 요새 전경을 올려다볼 수 있다.

게트라이데 거리는 잘츠부르크 시내 중심에 있는 슈타츠 다리를 지나 동서로 뻗어 있다. 도시의 상징인 호헨잘츠부르크 성을 향하여 아름다운 쇼핑가가 조성되었다. 거리 양쪽으로 즐비하게 늘어선 보석가게, 꽃가게, 옷가게 등과 레스토랑과 커피숍들. 또 볼프강 아마데우스 모차르트 생가와 15세기에 건축된 구 시청, 대성당과 레지덴츠 성, 미카엘 교회, 프란치스카너 교회, 화랑 박물관이 볼거리다.

건물마다 가게의 특징을 표현한 예술적인 철제 수공 간판들이 인상적이었다. 이곳을 세계적으로 아름다운 쇼핑거리로 만든 철제 간판들은 문맹이 많았던 중세시대에 무슨 가게인지를 표시하면서부터 시작되었다. 200년

이상이나 된 것도 있으며, 거리 분위기에 맞추어 현대의 패스트푸드 상점들조차 철제 간판을 매달아 놓은 것이 참 재미있다. 수공 간판만 전문적으로 수리하는 사람도 있다고 한다.

　모차르트 생가 뒤에는 대학 광장과 대학 성당이 있다. 대학 광장에서는 농부들이 직접 재배한 꽃, 약초, 과일, 직접 구운 빵과 소시지, 햄, 베이컨 등이 거래되는 그린 시장이 열린다.

　호헨잘츠부르크 성은 1077년에 지어진 요새다. 1500년경에 레온하르트 폰 코이트샤흐 대주교에 의해 대대적인 확장 공사가 벌어졌고 1681년에 와서야 현재와 같은 완전한 요새의 모습을 갖추게 되었다. 유럽 중부 지역에서 가장 잘 보존되어 있는 요새로 손꼽힌다. 한때는 감옥이나 군부대로 사용되었다. 성 안에는 대주교의 거실이 있고 각종 무기류와 고문기구, 성이 지어졌을 당시 있었던 가구와 수공예품 등을 전시하는 박물관이 있다. 높은 언덕에 자리 잡은 호헨잘츠부르크 성에서 잘츠부르크의 시가지를 한눈에 조망할 수 있는 곳은 벨 타워다. 도보로 오를 수 있으나 우리 일행은 1892년에 만들어졌다고 하는, '트로페를반'이라 불리는 케이블카를 이용하여 성 정상까지 올라갔다.

성 안의 앞마당에는 슈베르트의 가곡 <보리수>의 배경이 되었던 우물가와 보리수가 있었다. 우물은 깊이가 상당하여 빗물을 저장하는 곳이라 하며 보리수는 250년이나 되었다고 한다. 이곳 사람들은 감기가 걸렸을 때 보리수 열매를 차로 달여 먹으면 깨끗하게 낫는다는 믿음을 가지고 있다.

영화 <사운드 오브 뮤직>의 무대에서 트랩 대령의 집으로 나왔던 저택을 조망할 수 있는, 고풍적이며 웅장한 곳이었다.

모차르트의 가족은 그가 열일곱 살이던 1773년까지 '모차르트 생가'에서 살았다. 현재 이곳에는 모차르트가 사용했던 바이올린과 그의 자필 악보, 가족 초상화, 서신 등이 전시되어 있다. 1층에는 그가 생전에 썼던 침대, 피아노, 악보 등이 있으며 2층에는 모차르트의 오페라, 3층에는 모차르트의 가족들, 4층에는 잘츠부르크에서 생활하던 당시의 모습이 소개되어 있다. 장대비가 내린 탓에 이곳은 명성회장 스님과 몇몇 스님만이 방문했다.

간단하게 점심공양을 마친 우리는 이탈리아 베네치아로 향했다.

Italia
이탈리아

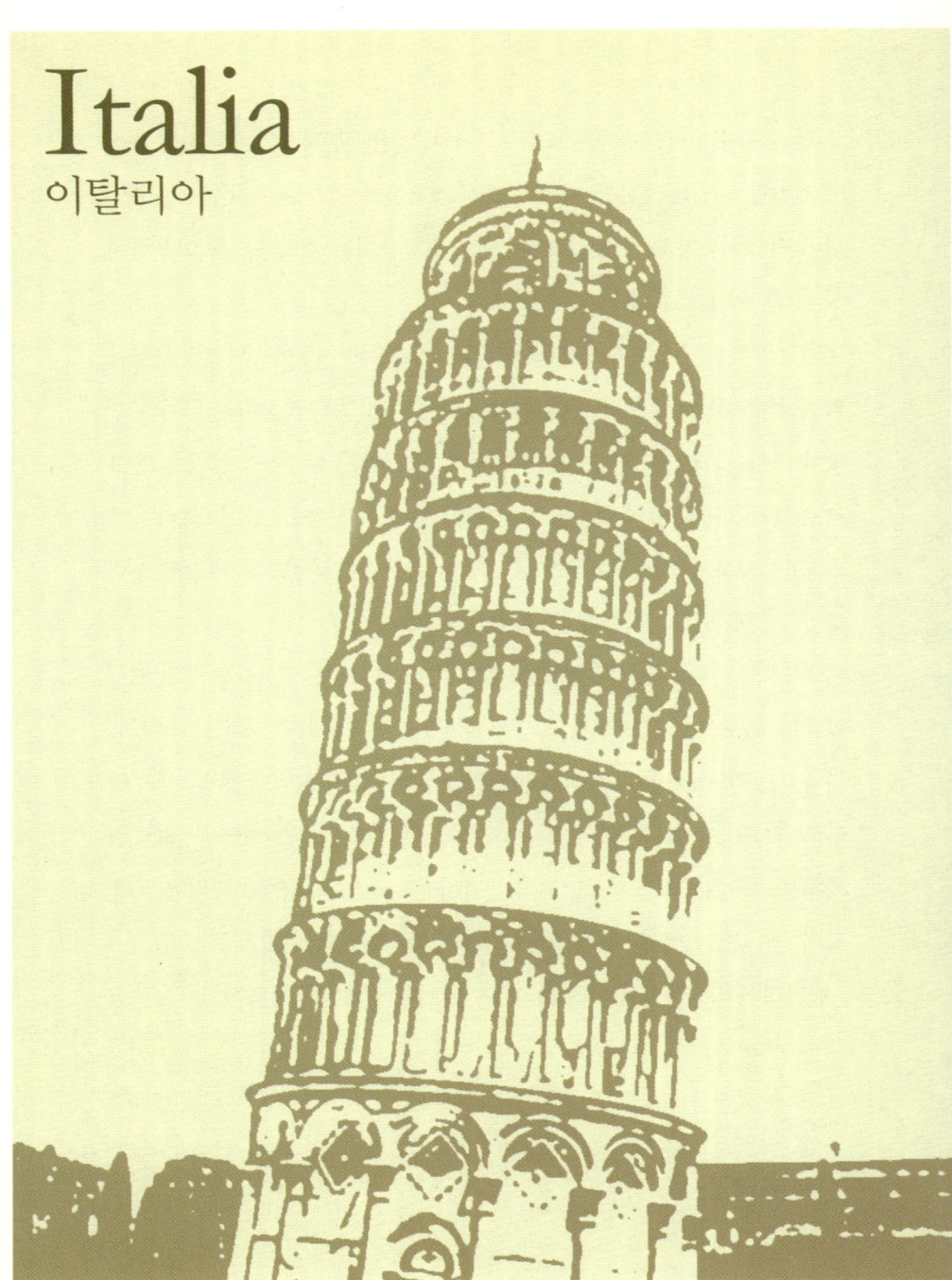

제1, 2차 세계대전을 겪으면서 승전국과 패전국의 자리에 섰던 이탈리아. 전쟁 뒤에는 자동차 공업, 패션 산업, 관광 산업 등으로 경제를 재건했다. 공업이 발달해 부유한 북부 이탈리아와 지중해를 중심으로 농업과 어업을 주로 하는 가난한 남부 이탈리아가 공존하고 있다.

이탈리아에서 방문한 도시는 베네치아, 피렌체, 로마, 피사, 밀라노였다. 각 도시마다 특색이 있고 볼거리와 이야깃거리가 많았다.

찬란한 역사가 숨 쉬는 물의 도시, 베네치아

7월 25일 수요일. 베네치아를 방문했다. 수상도시 베네치아는 세계에서 가장 아름다운 한편 지형학적으로도 특이한 구조를 갖고 있다. 고딕 양식과 르네상스 양식으로 지은 호화로운 베네치아 궁전들, 곤돌라가 소리 없이 미끄러져 가는 이름 모를 운하, 수많은 박물관에 소장된 방대한 예술품들. 이 모든 것이 베네치아가 들려주는 찬란한 역사의 숨소리다.

베네치아 만(灣) 안쪽의 석호(潟湖) 위에 흩어져 있는 118개의 섬들이 약 400개의 다리로 이어져 있다. 섬과 섬 사이의 수로가 중요한 교통로가 되어 독특한 시가지를 이루며, 흔히 '물의 도시'라고 부른다. 대안의 메스테르와는 철교로 연결되어 있는데 철도역은 철교가 와 닿는 섬 어귀에 있고, 다리를 왕래하는 자동차도 시내에는 들어올 수 없다. 시가지는 본래 석호의 사주(砂洲)였던 곳에 들어섰기 때문에 지반이 약하고, 따라서 근래 들어 지반 침하와 석호 오염이 사회적 문제로 떠올랐다.

베네치아의 역사는 567년 이민족에 쫓긴 롬바르디아의 피난민이 기슭에 마을을 만든 데서 시작된다. 6세기 말에는 12개의 섬에 취락이 형성되어 리

알토 섬이 그 중심이 되었고, 이후 리알토가 베네치아 번영의 심장부 구실을 했다. 처음 비잔틴의 지배를 받으면서 해상무역의 본거지로 급속히 성장해 7세기 말에는 무역의 중심지로, 도시공화제 아래 독립적 특권을 행사했다.

10세기 말에는 동부 지중해 지역과의 무역으로 얻은 경제적 번영으로 이탈리아의 자유도시들 중에서 가장 부강한 도시로 성장했다. S자 형의 대운하가 시가지 중앙을 관통하고 출구 쪽의 운하 기슭에 장대한 산 마르코 광장이 자리한 기본적인 도시 형태는 산 마르코 대성당을 비롯한 교회, 궁전 등과 더불어 13세기에 이미 완성되어 있었다. 산 마르코 대성당의 원형 지붕 다섯 개에서 볼 수 있듯 베네치아의 몇몇 건축물에서는 동방의 영향을 반영하는 비잔틴풍 또는 오리엔트풍의 건축 양식을 볼 수 있다.

베네치아는 십자군 원정에 힘입어서 동방무역을 확대하고 나아가 현재

그리스의 여러 섬들을 비롯한 동부 지중해 지역까지 영토를 확대함으로써 14~15세기 초에 해상무역공화국으로서 전성기를 맞이했다. 공화국의 정치 중심이었던 두칼레 궁전이 완성된 것도 15세기의 일이었다. 16세기 이후, 투르크인에 의해 동부 지중해에서 세력이 약화되면서 베네치아는 점차 오늘날의 풍요한 농업지대 중심도시로서의 성격을 띠게 되었다. 도시경제가 쇠퇴하고 페스트가 유행한 16세기에는 인구가 10만으로 감소했다. 1797년에는 나폴레옹 1세에 의해 점령되었으며, 1866년 이탈리아 왕국군에 점령되기까지 반세기 이상은 오스트리아의 영토였다.

　19세기 후반부터 베네치아는 이탈리아 경제의 중심인 북부 평야를 배후지로 하는 항구도시로 발전했다. 상업 항구는 서부 철도역에 인접한 스타치오네 마리티마이나, 20세기에 들어와 공업항 마르게라가 건설됨으로써 마르게라, 메스트레 등이 근대 공업지대로 발전했다. 대안의 공업지구는 현재 행정적으로 베네치아 시에 포함되어 있다. 유리 세공업으로 유명한 무라노 섬, 국제영화제 개최지 및 해수욕장, 카지노 등으로 유명한 리도 섬 등도 베네치아에 포함된다. 베네치아의 구 시가지는 지난날 공화국의 번영시대 모습을 그대로 지니고 있다. 산 마르코 대성당, 두칼레 궁전, 아카데미아 미술관 등은 미술·건축 예술의 보고로 알려져 있다.

　베네치아는 로마, 피렌체와 더불어 이탈리아의 중요한 관광지이다. 대학 및 시(市) 동부의 현대미술전시장에서 열리는 국제비엔날레, 리도의 국제영화제, 라 페니체 극장의 음악제 등 문화 활동도 활발하다. 그러나 구 시가지는 면적이 한정되어 있고 현대생활에는 편리한 환경이 될 수 없으므로 대안부의 도시화가 현저하다. 대안부의 공업은 화학·기계 공업이 중심이며 공업항을 포함한 베네치아 항의 취급 물량은 이탈리아 제3위를 차지한다.

산 마르코 광장에서 산 마르코 대성당과 두칼레 궁전, 탄식의 다리를 감상한 우리 일행은, 낭만적인 곤돌라를 타고 여유롭게 대운하를 둘러보면서 말로 표현할 수 없는 베네치아의 정취를 만끽했다.

대운하는 베네치아 수상 교통의 동맥이다. 총연장은 4킬로미터이며 S자를 거꾸로 놓은 모양인데, 크게 두 부분으로 나뉜다. 대운하 양측에 늘어선 화려한 궁전과 성당의 건축 양식을 통해 베네치아의 영화로운 과거를 충분히 상상할 수 있다. 베네치아의 상징이자 노천 박물관이라 할 정도로 많은 유적이 집중되어 있는 대운하는 수 세기에 걸쳐 유명 시인들과 소설가들의 작품 속 무대가 되기도 했다. 대운하로 45개의 작은 운하가 합류되고 세 다리가 놓여 있다. 베네치아의 명물인 리알토 다리, 스칼치 다리, 아카데미아 다리가 그것이다.

르네상스의 요람, 피렌체

아름다운 도시 베네치아에서 현지식으로 점심공양을 한 일행들은 피렌체로 이동했다.

피렌체는 이탈리아의 국민성과 창의력이 어느 도시보다 특출하게 빛나는 도시다. 르네상스의 요람이라는 별명답게 소중한 문화유산들을 간직하고 있는 도시. 1434년부터 피렌체의 통치권을 잡은 코지모 데 메디치는 헌법을 준수하고 평정한 정치를 펴서 안정되고 영화로운 시기를 가져왔다. 또 다른 국가들과의 균형 잡힌 외교로 우호관계를 구축했고 그의 뒤를 잇는 로렌조 일 마니피코 시대에는 피렌체 예술과 문학 발전의 절정기를 이루었다.

이 시대 이탈리아에서는 인문주의가 발달하면서 르네상스로 발전하게 되었다. 피렌체에 성행한 이런 움직임은 학문 연구와 완벽한 미를 추구하는 예술 발전의 원동력이 되었으며 역사에 빛나는 많은 인물들과 학자들을 배출했다. 예술·음악·문학계에서 이룬 발전은 감탄할 만큼 경이로우며 특히 회화·조각·건축 분야에는 가히 혁명적인 영향을 발휘해 서양 예술사의 새로운 장을 열게 되었다. 이 시대를 빛낸 예술가로는 파올로 우첼로, 프라 안젤리코, 산드로 보티첼리, 안토니오 폴라이올로, 도메니코 기를란다요 등을 들 수 있다.

1500년대 르네상스 후반기의 중심지는 로마이며 피렌체에서도 많은 발전이 있었다.

레오나르도 다빈치, 미켈란젤로, 라파엘로는 피렌체에서 연마한 예술 수업을 바탕으로 서양 예술사에 길이 남는 위대한 명작을 많이 창조했다.

메디치 가문은 18세기까지 막강한 권력으로 피렌체를 통치했고 그 후 토스카나 전역을 지배했다. 메디치 말기의 가장 뛰어난 인물인 페르디난도 1세는 프랑스 로렌 왕실의 크리스티나 공주와 결혼했다. 이후 메디치가의 혈통이 끊어져 토스카나는 로렌 왕실의 지배를 받게 되었다. 이 시기에 로렌 왕실은 오스트리아의 합스부르크 왕실과 통합되었으며 1800년대 초 10여 년간 나폴레옹의 지배 시기를 제외하고 피렌체를 통치한 로렌 왕실은 자유정신과 문화 개방을 바탕으로 1860년 이탈리아 통일까지 완벽한 행정과 열린 정치를 폈다. 피렌체는 제2차 세계대전 중 많은 피해를 입었는데 1966년 11월에는 대홍수로 아르노 강이 범람하는 재난을 당하기도 했다.

우리 일행이 순례한 곳은 시뇨리아 광장, 두오모 성당, 미켈란젤로 광장이었다.

시뇨리아 광장은 수 세기에 걸쳐 피렌체의 정치와 역사의 무대가 되었다. 광장 북쪽에 있는 시뇨리아 궁은 1200년대 말기에 건립되었고 베키오 궁으로도 불린다. 시뇨리아 궁 정면 우측에는 벤치 디 치오네와 시모네 탈렌티가 고딕 말기 양식으로 건립한 란치의 로지아 주랑이 아름답다. 16세기 토스카나 대공작 코지모 1세의 독일 근위병을 가리켜 란치라고 부른 데서 그 이름이 유래한다. 세 개의 대형 아치 아래에는 현재 여러 조각상이 배치되어 있다. 그중에서 잠볼로냐의 <사비네 여인의 겁탈>, <헤라클레스와 싸우는 켄타우로스 네쏘>와 첼리니의 <페르세우스>가 유명하다. 야외 박물관을 방불케 할 만큼 조각상이 뛰어남을 알 수 있다.

바르톨로메오 암만나티의 넵튠 분수는 해마가 끄는 마차 위에 있는 바다의 신을 형상화한 것이다. 눈부시게 흰 대리석 색깔을 비유해 '비앙코네'란 별칭으로 불리는데 비앙코는 백색을 뜻한다. 잠볼로냐의 <토스카나 대공작 코지모 1세 기마상>과 유명한 미켈란젤로의 <다비드상>이 있다. 현재 시뇨리아 광장에는 복사본이 전시되어 있고 원본은 아카데미아 미술관에 보존되어 있다고 한다.

산타 마리아 델 피오레 대성당으로도 불리는 두오모 대성당. 원래 이 자리에 있던 산타 레파라타 성당을 허물고 새 성당을 개축하기로 하면서 1296년 아르놀포 디 캄비오가 설계했다. 그러나 1303년 아르놀포 디 캄비오가 사망하자 지오토, 안드레아 피사노, 프란체스코 탈렌티가 공사를 이어받아 1436년 브루넬레스키가 완성했다. 웅장하면서도 아름다운 돔 원형 지

붕은 바로 브루넬레스키의 걸작이다. 본래 성당 정면은 아르놀포 디 캄비오의 작품이었으나 1587년 허물고 1871년에서 1887년 사이 에밀리오 데파브리가 현재의 고딕 양식으로 재건했다.

두오모 대성당은 종교의식이 이루어지는 곳일 뿐만 아니라 시민들의 모임 장소로서 여기서 단테의『신곡』을 낭송하기도 했다.

두오모 성당은 세계에서 네 번째로 큰 성당으로 그 규모는 길이 153미터, 너비 38미터이다. 웅장한 내부는 세 개의 본당으로 분리되며 셀 수 없이 많은 귀한 예술품이 전시되어 있다. 그중에서 바사리와 주카리의 프레스코

소통의 길을 향하여 • 205

벽화 <최후의 심판>이 돔 지붕 내부에, 기베르티의 작품인 피렌체 최초 주교 성 자노비의 석관이 중앙 예배당에 보존되어 있다. 특히 루카 델라 로비아의 천사 모양 촛대가 아름답다.

계단을 따라 산타 레파라타 지하 무덤으로 내려가면 두오모 성당의 전신이었던 산타 레파라타 성당의 모자이크와 벽돌 등과 브루넬레스키의 무덤이 있다. 두오모 대성당과 지오토의 종탑, 세례당의 귀한 예술품을 전시하는데, 가장 유명한 작품으로는 미켈란젤로의 <피에타>가 있다.

세계 기독교의 산실, 로마

7월 26일, 아침식사 후 전용버스를 이용하여 피렌체에서 로마로 이동했다.

세계의 수도 로마는 기원후 2세기 말엽에 벌써 인구 100만 명이 넘는 대도시였다. 플라비 가문이 통치하던 시대가 로마제국의 가장 영화로운 시대로 이때 콜로세움, 티토의 목욕탕, 도미치아노 황궁, 도미치아노 경기장 등이 건립되었다.

영원한 도시 로마는 세계 기독교의 산실이기도 하다. 로마제국의 콘스탄티누스 황제는 최초로 기독교 대성당을 건립하도록 지시했다. 라테라노의 성 요한 대성당과 성벽 밖의 성 로렌조 대성당을 비롯해, 무엇보다도 바티칸의 성 베드로 대성당을 건립했다. 산타 마리아 마조레 대성당과 산 파올로 푸오리 레 무라 성당이 건립된 것은 이보다 1세기 뒤다.

중세에 들어서 역대 교황들의 명으로 성당 증축과 개축 공사가 로마 전역에 잇달았다. 이런 공사들은 특히 1400년대에 더욱 활발해졌다.

교황 니콜라오 5세는 건축가 브라만테에게 콘스탄티누스 황제가 건립한 성 베드로 대성당을 허물고 새 성당을 건립하도록 지시했다. 교황 율리우스 2세와 레오 10세는 재임 기간 동안 권위와 영화를 상징하는 대규모 예술 작품을 제작하도록 미켈란젤로와 라파엘로에게 지시했다. 1400년대 말기부터 교황청의 권한이 막강해지자 유럽 각 왕실과 귀족 가문에 직접적으로 영향을 미치기 시작했다. 이런 이유로 유럽 왕족들과 귀족들은 교황청이 있는 로마에 호화로운 르네상스식 궁전을 잇달아 건립해 서로 부와 권력을 과시했다. 미켈란젤로는 교황 바오로 3세의 지시로 캄피돌리오 광장을 새로이 단장했다.

1600년대에는 르네상스의 엄격한 예술 풍조에서 벗어나 화려하고 사치스러운 바로크시대가 막을 열게 된다. 바로크 건축을 대표하는 이는 베르니니와 보로미니다.

1700년대에는 로마에 도시 미학적으로 영향을 미치는 중요한 고적들이 많이 건립되었는데, 트레비 분수, 삼위일체 계단을 그 예로 들 수 있다.

1800년대에는 신고전주의시대가 시작되면서 간결하고 단순한 양식이 선호된다. 카노바의 조각작품들, 건축가 발라디에가 재설계한 포폴로 광장, 보르게세 공원 내의 핀치오 언덕이 그러하다.

1870년 로마는 이탈리아 왕국의 수도로 선포되면서 역사적으로 획기적인 변화를 맞았다. 그동안 교황청 치하에 있던 소도시 로마에 사보이 왕실이 이전되고 국회와 관공서가 생기면서 행정도시의 면모를 갖추게 된다.

1900년대에는 신고전주의 양식이 복합적으로 사용되었다. 1922~1943년에는 고대 로마 양식을 모방한 건축물이 도시 곳곳에 건립되었다. 현재는 계획성 없는 도시 개발을 멈추고 철저한 도시 계획을 실행하고 있다고 한다.

우리 일행은 로마에서 이틀간 머물면서 바티칸 시국, 바티칸 박물관, 성 베드로 성당, 카타콤베, 콜로세움, 트레비 분수, 진실의 입, 포로 로마노, 나보나 광장을 순례했다.

기원후 67년, 네로 황제는 성 베드로를 테베레 강 건너편에 있던 자신의 새 원형 경기장에서 십자가에 매달도록 명했다. 성 베드로는 근처의 공동묘지에 묻혔다. 사도의 우두머리가 묻힌 곳에 2세기 무렵 작은 경당이 세워졌고 이 경당은 아직도 존재한다. 그리고 4세기에 콘스탄티누스 대제가 첫 성당을 세웠다. 1377년 교황이 프랑스의 아비뇽 유배생활에서 돌아온 후 로마의 교황청은 교황들의 거주지를 라테란의 성 요한 대성당에서 성 베드로 대성당으로 완전히 옮기기로 결정했다.

1506년 교황 율리우스 2세는 건축가 브라만테에게 새 성당을 짓도록 했다. 1860년 바티칸 시국은 이탈리아의 통일로 많은 소유지를 잃어버렸고, 1929년 이탈리아와 교황청 사이에 라테란 조약을 맺으며 독립국가가 되었다.

바티칸 시국은 그 면적이 44헥타르에 이르며 고유의 동전, 우표, 그리고 일간지 《오세르바토레 로마노》를 발행한다. 교황은 가톨릭 교회의 수장이자 바티칸 시국의 통치자다.

스위스 근위대의 역사는 바티칸에 근위대가 생기기 훨씬 전부터 시작된다. 이미 4세기에 스위스인들은 그들의 충성심과 전투력을 인정받아 널리 알려져 있었다. 특히 스위스 보병대는 창으로 기병대를 물리칠 수 있을 정도로 긴 창을 사용하는 데 명수였다. 그래서 다른 여러 나라의 통치자들도 이들을 군대로 선정하거나 호위대로 모병했다.

16세기에는 이미 많은 스위스 군인들이 교황청에서 근무하고 있었다.

1506년 교황 율리우스 2세는 교황청 궁을 지키기 위해 200명의 스위스 군인을 소집했다. 1527년 오스트리아의 황제 카를 5세가 바티칸을 공격했을 때, 스위스 근위대는 200여 명 중에 지휘관들을 비롯한 147명의 대 희생을 치르면서 교황 클레멘스 7세를 산탄젤로 성으로 피신시켰다.

현재 스위스 근위대의 임무는 접견실, 성 베드로 대성당, 광장에서 교황의 신변을 보호하고 외부로부터 바티칸 시국으로 들어오는 입구를 지키는 것이다.

그리스도교의 심장부인 성 베드로 대성당은 전 세계에서 가장 큰 성당이다. 총 길이는 주랑 현관에서부터 218미터다. 돔의 높이는 137미터로 거의 쿠푸 왕 피라미드의 높이와 같다. 브라만테의 원래 계획은 그리스의 십자가형, 곧 가로와 세로가 똑같은 평면도를 따르는 것이었다. 그러나 보르게세 가문의 교황 바오로 5세의 뜻에 따라 카를로 마데르노가 이 그리스 십자가 형태에서 중앙 주랑의 길이를 가로측보다 더 늘려 라틴 십자가 형태로 만들었다.

거대한 쿠폴라(cupola, 돔)는 미켈란젤로가 82세 때 구상한 것이다. 미켈란젤로는 당시로는 드물게 89세란 고령의 나이로 사망했다. 그때 쿠폴라는 그 곡선이 시작되기 바로 밑 부분에 있는 우아한 한 쌍의 두 기둥들이 둘러진 곳까지 완성되었다. 이어서 쿠폴라는 자코모 델라 포르타에 의해 완성되었다. 맨 위의 우아한 창은 도메니코 폰타나가 추가한 것이다. 쿠폴라의 꼭대기에는 쿠폴라를 빙 둘러서 친 발코니가 있는데 이곳에서 영원한 도시의 놀라운 정경을 볼 수 있다.

대성당 정면은 1607년부터 1614년까지 매너리즘(기교주의) 작가 카를로

마데르노에 의해 세워졌다. 그 앞에 있는 넓은 3단 계단은 베르니니가 구상한 것이다. 대성당 정면은 거대한 각주 네 개와 코린트 양식의 원주 여덟 개로 장식되어 있다. 중앙 발코니는 '강복'으로 불리는데 바로 이곳에서 오른편으로 지붕이 보이는 시스티나 소성당에서 새 교황이 선출되자마자 그 선출을 선포한다. 선출된 교황은 이곳에서 '로마와 전 세계에' 엄숙한 강복을 한다.

넓은 입구 회랑은 청동 문 다섯 개로 장식되어 있다. 왼편으로부터 첫 번째 문은 <죽은 자의 문>으로 1963년 조각가 자코모 만주가 만든 것이다. 두 번째 문은 <선과 악의 문>으로 1977년의 루치아노 민구치 작이다. 중앙 문은 콘스탄티누스 대제 때의 옛 성당에서 가져왔는데 1455년의 필라레테 작이다. 오른편의 마지막 문은 성문(聖門)으로 단지 희년에만 열며, 조각가 비코콘소르티의 1950년 작품이다.

중앙 문 앞 현관 회랑 가운데 입구 위로 유명한 <작은 배> 모자이크가 있는데 이는 옛 현관 회랑을 장식하던 지오토의 수작이다. 1600년대에 대부분이 다시 만들어졌다. 현관 회랑의 양측으로 왼편에는 아고스티노 코르나키니의 1725년 작품인 커다란 샤를마뉴 대제 기마상이, 오른편에는 베르니니의 1670년 작품인 아름다운 콘스탄티누스 대제 기마상이 있다.

장엄한 대성당 안에 처음 들어섰을 때 놀라움에 감탄이 저절로 나왔다. 지금 전 세계에서 가장 클 뿐 아니라 가장 놀라운 성당을 눈앞에 바라보고 있는 것이다. 모든 것의 크기가 정말이지 대단했다.

중앙 주랑에 있는 청동 발다키노(baldacchino, 천개)는 맨 위의 십자가를 포함하여 29미터로 매우 높았다. 거의 10층짜리 건물 높이와 같았다. 이것은 베르니니와 보로미니가 만든 최고의 작품으로, 이 거대한 걸작을 만들 때 그들은 각각 25세, 24세였다. 베르니니는 아이디어를 내고 애초의 구상 소묘를 했고 보로미니는 모든 실행 소묘와 윗부분을 맡았다. 베르니니가 만든 나선형 기둥과 보로미니가 만든 맨 윗부분으로 인해 발다키노는 가볍게 보인다. 발다키노는 정확하게 첫 번째 교황인 사도 베드로의 무덤 위에 있는 교황 제대를 장식하기 위해 구상되었다.

제일 주요한 제대인 카테드라(cathedra, 교황좌) 제대 역시 베르니니의 작품이다. 무게가 121톤이 넘는 청동으로 만든 이 거대한 작품은 베드로 성인의 옥좌 교황좌다.

거대한 미켈란젤로의 쿠폴라는 브라만테가 만든 아치 위에 놓였다. 지름이 42.56미터로, 벽돌로 쌓은 쿠폴라로는 전 세계에서 가장 넓다. 지름이 43.30미터인 판테온의 쿠폴라만이 이 넓이를 초월하는데, 판테온의 쿠폴라는 시멘트로 만들어졌다. 쿠폴라 내부의 높이는 맨 위의 창 부분까지가 120미터로 40층짜리 건물의 높이와 같다. 쿠폴라 내부는 카발리에르 다르피노의 종이 밑그림에 따라 1605년에 완성한 모자이크로 장식되어 있다. 강복하는 베드로 성인의 청동좌상은 13세기의 예술가 아르놀포 디 캄비오의 작품으로 추측된다. 전 세계의 모든 신자들이 베드로에 대한 신심을 표현하기 위해 이 조각상의 발을 만지고 입을 맞추어서인지 오른쪽 발은 거의 다 닳아버렸다. 곁에 계신 명우 스님께서 나에게 한마디 던지셨다.

"한번 만져보지 그래? 그러면 또 하나의 업장이 소멸될 거야."

아닌 게 아니라 그러고 싶었는데, 신자들이 너무 많이 줄을 서 있어 감히 그 속으로 파고들어 갈 수가 없었다.

가로측 주랑 부분에 성 베드로 보물 박물관으로 들어가는 입구가 있다. 1432년 도나텔로 작의 성합, 폴라이올로라 불리는 안토니오 벤치의 서명과 1493년이라는 날짜가 적힌 식스투스 4세의 청동 기념 건축물, 1673년에 흙으로 만들어진 베르니니의 천사 모델, 그리고 4세기의 그리스도교 집정관인 주니오 바소의 석관 등이 볼 만했다.

베드로 성인의 무덤 주위로 149명의 교황들이 평화롭게 묻혀 있는 곳. 바티칸 성당의 지하 동굴을 향해 가로측 주랑에서 들어갔다.

놀라운 피에타상은 미켈란젤로가 23살 때 겨우 1년 만에 조각한 작품이다. 피에타상은 대단한 경탄을 불러일으켰지만 처음에 이 작가가 누구인지를 아는 사람은 아무도 없었다. 그래서 미켈란젤로는 이 작품에 서명을 했는데, 이렇게 피에타상은 그가 서명을 남긴 단 하나의 작품이 되었다. 동정녀 마리아의 가슴을 가로지르는 띠 위에 자신의 이름과 자신이 사랑하는 도시의 이름을 다음과 같이 대문자로 써넣은 것을 쌍안경으로 볼 수 있다.

MICHEL AGELVS. BONAROTVS. FLORENT. FACIEBAT.

(피렌체의 미켈란젤로 부오나로티가 만들다.)

성모 마리아의 온화한 얼굴은 구세주의 어머니로서 동정녀임을 표현하기 위해서 매우 젊게 묘사되었다. 여섯 살 때 어머니를 잃은 미켈란젤로는 성모 마리아의 얼굴에서 사랑했던 어머니 얼굴을 찾으려 했을 것이다. 피에타상은 단 한 덩어리의 카라라 대리석을 부드럽게 조각해 성모 마리아의 슬픈 모습을 표현해낸 완전한 예술작품이다. 피에타상은 예술과 신앙의 전달자로서 1964년 세계박람회가 열린 뉴욕에 몇 개월간 보내졌다고 한다.

1972년 로마에서 한 정신이상자가 열다섯 번이나 망치질을 해 성모 마리아의 아름다운 코를 망가뜨리고 왼팔을 절단해버렸다. 현재는 바티칸 복원 작업실의 전문가들이 완전하게 복원해서 부서졌던 부분을 구분하기가 불가능할 정도다. 지금 피에타상은 두꺼운 파괴 방지 유리판으로 보호되어 1749년부터 소성당 안에 전시되어 있다.

바티칸 성당의 지하 동굴에 요한 바오로 2세의 새 무덤이 있다. 관 없이 바로 바닥에 묻혀 있으며 이름과 교황 재위 기간이 카라라의 큰 대리석 비석에 라틴어로 쓰여 있다.

바티칸 박물관은 전 세계에서 가장 광범위한 고고학적 소장품을 지니고 있다. 바빌로니아의 쐐기형 글자판부터 오늘날의 자료에 이르기까지, 전 세계의 3,700여 년 역사와 예술을 보여주는 자료들의 보고인 셈이다.

고고학적 소장품의 최고 걸작은 팔각형의 안뜰에 있는 라오콘 군상이다. 기원후 1세기의 그리스 원작품으로 예술가 하게산드로스와 그의 아들 아타나도로스와 폴리도로스가 조각한 작품이다. 그리스인들이 트로이 시 밖에 놓아둔 목마 속에 속임수가 숨어 있음을 알아채고 이를 트로이 시 안으로 들여오는 것을 반대했던 트로이의 사제 라오콘을 조각한 것이다. 그리스인들의 수호 여신 아테네는 이를 막기 위해 그의 두 아들과 함께 라오콘을 큰 뱀으로 휘감아 죽게 한다. 라오콘 사제는 나신으로 제대 위에 앉아 있는데, 고대에는 나신을 순수함의 상징으로 여겼기 때문이다. 후에 시스티나 소성당 벽화에 미켈란젤로가 그린 천사들도 나신으로 표현되었는데, 이는 순수한 정신을 의미한다. 뱀에게서 도망치느라 긴장된 근육과 함께, 육체적 고통뿐만 아니라 정신적 고통이 드러난 라오콘의 얼굴 표정을 본 미켈란젤로는 큰 감동과 영감을 얻었다고 한다.

팔각형의 안뜰 바로 다음에 또 하나 꼭 봐야 할 것은, 바로 기원전 1세기 그리스 원작품인 벨베데레의 반신상이다.

양탄자 갤러리에서 라파엘로 학파의 종이 밑그림에 따라 짠 양탄자들 중에 가장 흥미로운 것은 부활을 묘사한 양탄자이다. 희한한 투시도법 때문인데, 큰 양탄자 앞을 지나갈 때 부활하신 그리스도의 눈과 오른팔이 보는 관객을 따라올 뿐만 아니라, 무덤의 긴 돌이 관객의 움직임에 따라 움직이는 것을 볼 수 있다. 그리고 양탄자를 다 지나간 뒤 반대편에서 보면 놀랍게도 무덤의 돌 오른편에 있던 예수의 모습이 왼편에 있는 것을 보게 된다.

그 외에 미술관, 라파엘로의 방, 시스티나 소성당, 천장 벽화, 예언자 에제키엘, <최후의 심판>이 볼 만하다.

아피아 가도는 고대 로마의 역사를 증명해줄 뿐 아니라 초기 그리스도교의 수난사를 대변해준다. 특히 카타콤베(Catacombe, 지하 무덤)만큼 그리스도교 순교의 역사를 생생하게 보여주는 것은 없을 것이다.

카타콤베는 9세기 초부터 초기 기독교 신자들의 공동묘지를 지칭하는 말로 사용되었다. 성 카리스토, 성 세바스티아노, 도미틸라 카타콤베가 있다. 우리 일행은 성녀 체칠리아의 무덤 앞에서 반야심경 봉독으로 불교적인 왕생극락을 염원했다.

트레비 분수는 로마를 상징하는 명물 중 하나이다. 이 분수는 교황 클레멘스 12세 재위 시 설계 공모전에 당선된 젊은 건축가 니콜로 살비에 의해 1732년에 착공되었다. 공사 중에 니콜로가 사망했고, 결국 그로부터 30년이 지난 1762년에 완공되었다.

이 분수의 조각군을 살펴보면, 한가운데에 대양의 신 오체아누스가 있

고 바다의 신 트리톤이 이끌고 있는 두 마리의 말이 보인다. 각각 잔잔한 바다와 격동하는 바다를 상징한다. 오체아누스의 좌우에 있는 석상은 풍요한 건강을, 전면의 거대한 수반은 대양을 상징한다.

산타 마리아 인 코스메딘 성당 입구 왼쪽에는 플루비우스(강의 신)의 얼굴이 새겨진 둥근 대리석 판이 있다. 일명 '진실의 입'이라고 하는데, 여기에 손을 넣고 거짓말을 하면 플루비우스가 손을 삼켜버린다는 전설이 있다. 중세 때 일부 악덕 영주들은 반감이 있는 사람에게 진실의 입에 손을 넣게 하고는 뒤에서 몰래 손을 자르게 했다고도 한다.

콜로세움은 원형 경기장으로 고대 로마인들의 뛰어난 건축공학 기술을 엿볼 수 있는 기념비적 건축물이다. 콜로세움의 원래 이름은 '안피테아트로 플라비오(Anfiteatro flavio)'이다. 그 엄청난 규모뿐만 아니라 콜로쏘(Colosso, '거대한'이란 뜻)라고 불리던 거대한 네로 황제의 황금 동상이 바로 옆에 있기 때문에 콜로세움이라 부른다. 5만 명이나 되는 관중을 수용할 수 있었던 이 경기장에서 로마인들은 치열한 검투사 시합, 맹수 사냥 시합, 모의 해전 등을 즐겼다고 한다.

콜로세움은 타원형 평면으로 되어 있는데 장축 지름은 187미터이고 단축 지름은 155미터이다. 외벽에는 80개의 아치가 둘러싸고, 여러 가지의 주두 양식이 혼합되어 있다. 1층은 도리아식, 2층은 이오니아식, 3층은 코린트식으로 되어 있다.

콜로세움은 로마 흥망성쇠의 상징이기도 하다. 일찍이 8세기에 베다는 "콜로세움이 서 있는 한 로마는 서 있으리라. 콜로세움이 무너지는 날에는 로마도 멸망하리라. 로마가 멸망하는 날에는 이 세상도 멸망하리라" 하고 노래했다. 그 후 콜로세움은 수난의 역사를 겪게 되는데, 1084년 노르만족의 약탈로 로마가 황폐화됨에 따라 콜로세움도 파괴된 채로 오랜 세월 동안 잊혀졌던 것이다. 게다가 지진으로 더욱 파괴되자 다른 건물들을 짓기 위하여 건축 재료를 콜로세움에서 공급해 갔으며, 심지어는 양과 소에게 여물을 먹이는 방목장으로 전락할 정도로 방치시키고 말았다. 1790년에 이르러서야 기독교 순교지로서의 가치를 재발견한 교황 베네딕트 14세가 콜로세움을 복원할 수 있는 데까지 복원하고 이곳에 십자가를 세웠다.

피사의 사탑과 밀라노의 두오모

7월 28일 금요일. 2박 3일의 로마 일정을 모두 마치고 피사로 이동했다.

피사에서 중국식으로 점심공양을 마친 일행은 안내자 없이 카테드랄레 성당과 피사의 사탑 및 캄포샨토(유해를 모시는 곳)를 순례했다.

비스듬히 기울어져 세계적으로 유명한 피사의 사탑은 건립 당시부터 기울어지기 시작해 원래 계획했던 높이 70미터로 세우지 못하고 54.80미터로 남게 되었다. 1173년 보난노 피사노가 공사를 시작했으나 홍수로 인해 지반이 가라앉아 일시적으로 공사가 중단된 후 1300년 말엽 토마소 피사노가 완공했다. 피사의 사탑의 몸체는 원통형으로, 대리석 하단에 폐쇄형 아치가 둘러져 있는 것부터가 전형적인 피사 건축 양식이다. 그 위는 좁은 아치를 이루는 아름다운 기둥이 발코니 식으로 6층까지 올라간다. 이 피사의 사탑 위에서 갈릴레오 갈릴레이는 여러 중력 실험을 했다. 최근 피사의 사탑 지하 발굴 공사에서 고대 에트루리아시대 신전이 발굴되어 많은 유적이 빛을 보게 되었다.

피사에서 일정을 마치고 네 시간 동안 달려간 곳은 밀라노다. 늦은 시간에 도착했기 때문에 시내에서 간단하게 두오모 성당, 스칼리좌, 스포르체스코 성들을 순례하는 것으로 일정을 마쳤다.

두오모 대성당은 2,245개의 거대한 조각군으로 장식되어 있다. 135개의 첨탑이 하늘로 치솟은 웅장한 성당으로 너비 157미터, 높이 108.5미터에 달한다. 바티칸의 성 베드로 대성당, 런던의 세인트 폴 대성당, 독일의 퀼른 대성당에 이어 네 번째로 큰 규모를 자랑한다. 가장 높은 첨탑에는 도시를 수호하는 황금 마리아 상이 세워져 있다. 이 두오모는 1386년 밀라노 공작

갈레아치오 비스콘티 공작의 명으로 착공되었으며, 450년에 걸쳐 공사가 진행되어 19세기 초에 완공되었다.

세계적인 오페라 극장인 스칼라 극장은 1778년에 세워졌으나 제2차 세계대전 때 파괴되어 1946년에 재건되었다. 19세기 이후로 푸치니, 로시니, 베르니 등 세계적인 오페라 작곡가들의 작품이 이곳에 초청되었다. 심플한 외관과는 대조적으로 3,000여 명을 수용할 수 있는 내부에는 붉은 양탄자와 화려한 샹들리에로 고급스러움을 더하고 있다. 오페라 시즌은 12월 초부터 이듬해 7월 초까지이며, 9월부터 11월까지는 콘서트나 발레가 공연된다. 극장 안으로는 들어갈 수 없어 오페라 극장 밖의 사진들로만 만족해야 했다.

두오모 광장의 북서쪽에 위치한 스포르체스코 성은 밀라노의 영주 프란체스코 스포르차의 명령에 의해 다빈치, 브라만테 등이 참여하여 1450년에 완공된 건물이다. 비스콘티가(家)의 거성(居城)으로 지어졌으며 성의 내부는 고고 미술관과 고고학 박물관으로 사용되고 있다. 미켈란젤로가 임종하기 3일 전까지 작업했고 지금은 미완성으로 남아 있는 대작 <론다니니의 피에타>가 보관되어 있고 중세 예술품과 가구, 무기 등이 전시되어 있다.

Monaco
모나코

7월 29일 일요일. 밀라노 호텔에서 조식 후 에즈를 경유하여 모나코에 도착했다. 점심공양을 하고 모나코 왕궁을 순례했다.

모나코의 역사는 한 나라의 역사라기보다는 그리말디(Grimaldi) 가문의 가족사라고 해야 할 것이다. 그러므로 모나코는 사적인 활동 무대이기도 하고 그것이 모나코의 존재 이유가 되기도 한다. 지금의 모나코가 있는 곳에는 석기시대부터 사람이 거주하고 있었다고 한다. 전설에 의하면 로마시대 데보트라는 한 젊은 코르시카 순교자의 시체를 배에 태워 아프리카에 보냈으나 그 보트가 표류하면서 현재의 모나코 해안에 닿았고, 그의 은총으로 모나코가 생겼다는 것이다. 이 지역(현 왕궁 주변)에 건축물을 처음으로 세운 이들은 13세기 모나코를 지배한 황제당 제노바 왕조인 리구리아인들이었다. 그리말디가의 역사는 이들 뒤편 성채에 자리 잡은 1297년부터

시작되었고, 1489년 프랑스 왕 샤를 8세는 모나코의 독립을 승인했다. 1524년부터 1641년에 이르기까지 스페인의 영향을 많이 받기도 했지만 독립국이면서도 프랑스와의 관계는 긴밀했다. 그러나 프랑스의 소유욕이 점점 더 강해지면서 1793년 신 혁명제도 하에서 모나코는 합병되었다. 1861년 체결된 조약에서 모나코는 재독립했고, 세금 문제의 제한에 대해 최근 수십 년 동안 모나코에 거주하는 프랑스인들과 프랑스 지점의 세금 납부를 거부하며 투쟁하고 있다.

1956년 영화배우 그레이스 켈리와 동화 같은 결혼식을 치른 레니에 3세는, 1962년 16퍼센트밖에 안 되는 순수 모나코 국민들에 의해 선출된 의회를 설립했다. 그러나 모든 법안들은 왕의 허가를 받아야 했으므로 의회는 쇼에 불과한 것이었고, 소득세를 거둬들이지 않는 나라에서 거론할 일은 실상 그리 많지 않았다. 게다가 연중 300여 일 동안 햇빛이 비치는 나라에서 투표를 한다는 것은 괜한 썬탠 시간만 낭비하는 게 아닐까 싶다.

그리말디가가 집권한 이후 모나코는 끊임없이 프랑스, 스페인 등 외세의 침입에 항거해야 했다. 이때 암초가 요새의 역할을 했으나 17세기에 들어서 오노레 2세가 궁전을 요새로 사용하기 시작했다. 비록 군대 건축물이 잔재했지만 내부는 궁전에 걸맞게 치장을 했다. 현재의 궁전은 1690년 루이 1세 대공 시절에 완성되었으며 뜰(Court of Honour), 헤르쿨레스 갤러리가 있다. 생 마리 탑을 건설하고 궁전 건물 주변을 피렌체 궁전 스타일로 재건축했으며, 1949년 즉위한 레니에 3세는 현대화된 궁전으로 재단장을 했다. 한편 관광객을 위하여 정오에 궁전 뜰에서 근위대 교대식이 거행된다.

모나코의 왕궁을 뒤로하고 이항순 교수가 안내하는 에즈 마을로 자리를 옮겼다.

　이곳에서 선인장을 잘 가꾼 식물원을 거쳐 전망대에 올라가서 맞은편에 보이는 모나코 왕실을 볼 수 있었다. 지중해의 푸른 바다가 한눈에 그림처럼 펼쳐졌다. 전망대에 올라가기 전까지 그곳에 늘어선 가게들이 참 재미있게 구성되어 있어 그 자체만으로도 하나의 작품 같았다. 호텔로 가는 길에 아름다운 해안선을 자랑하는 니스 해변에서 잠시 휴식을 취했다.

France
프랑스

7월 30일. 아침식사 후 무거운 여행 가방을 이끌고 니스 역에서 파리 행 기차를 탔다.

파리에서 2박 3일 일정이 잡혀 있었는데, 하루 전날 출발한다는 여행사의 일방적인 통보에 우리는 일정을 조정해야 했고, 큰 곳 몇 군데만 찾아갈 수밖에 없었다. 첫날에는 루브르 박물관, 개선문과 샹젤리제 거리를 구경한 뒤, 늦은 시간에 선착장에서 배를 타고 파리의 밤을 둘러보고 그 다음 날 베르사유 궁전에 가는 것으로 의견을 모았다.

위용 넘치는 루브르 박물관

루브르의 기원은 12세기 말로 거슬러 올라간다. 필립 오귀스트 왕은 새로운 수도인 파리를 보호하기 위해서 센 강변의 오른편에 왕정 요새를 포함한 성벽으로 파리를 둘러싸기로 결정했다. 그렇게 만들어진 성의 주루는 왕정 권력의 상징이 되었으나, 국고와 감옥의 역할을 동시에 수행했던 루브르의 전략적인 특징은 곧 퇴색되고 말았다. 중세시대 루브르의 유물들은 관람객들에게 개방되어, 루브르 박물관의 현대적 표상인 유리 피라미드 아래 박물관 입구 홀부터 연결되어 관람이 가능하다.

1360년대 샤를 5세는 루브르 성을 왕궁으로 개조, 왕궁에 어울리는 장식으로 꾸미고 수많은 도서들을 들였다. 그러나 루브르는 곧 왕궁의 기능을 잃어버렸다. 16세기에 이르러서야 프랑수아 1세가 루브르 궁을 다시 파리의 왕궁으로 이용하면서 왕궁다운 역할을 하게 되었다. 프랑수아 1세는 1528년 대성탑을 허물고, 1546년 왕정 건축가인 피에르 레스코에게 그 당시 사조인 르네상스 양식에 맞는 왕궁을 세울 것을 주문했다. 앙리 2세가 공사를 계속 이어가, 그의 과부인 카트린 드 메디치가 성벽을 제외한 새로운 성을 건립하기로 결정하고, 튈르리 궁과 그 정원을 계획했다. 이탈리아 피렌체의 피티 궁의 연결된 갤러리를 본떠서 샤를 9세는 1566년 루브르의 두 건물을 이어주는 '물가' 갤러리 공사를 시작했다. 이는 후에 소갤러리와 대갤러리를 이루게 된다.

파리를 지식과 정치의 중심지로 만들기를 원했던 앙리 4세는 루브르 확장 공사를 계획하여 17세기와 18세기에 걸쳐 '대설계'를 진행했다. 루이 13세는 건축가인 르메르시에에게 정방형 궁정의 건축을 맡겨, 중세의 성이 있던 자리에 이 정방형 궁정의 면적을 네 배로 확장하는 공사를 계획했다. 대갤러리의 장식은 화가 니콜라 푸생이 맡았다.

베르사유 궁을 주요 거처 궁으로 선정하기 전에, 루이 14세는 건축가 루이 르보에게 루브르 궁 장식을 위한 계획을 주문했다. 이를 위해 전문위원회가 설립되었고 클로드 페로가 이 위원회 멤버로 참여했다. 도시를 바라보는 동쪽의 웅장한 정면, '주랑'은 프랑스 고전 건축의 걸작이다. 르노트르는 튈르리 궁전의 정원을 설계했다. 이 정원은 여러 왕실과 극장, 마쉰 홀을 포함하게 되었다. 소갤러리 층에 마련된, 르브룅이 설계하고 장식한 아폴론 갤러리는 2004년 복원 공사를 통해 예전의 아름다움을 되찾았다.

앙리 4세 때부터 왕정 예술가들과 미술 장인들은 왕궁에 거처를 두었으며, 루이 14세는 왕정에 회화, 조각 및 건축 아카데미를 건립했다. 그러나 왕정 소장품들을 일반인에게 공개하는 '박물관 프로젝트'는 루이 16세 때에 이르러서야 빛을 보게 된다.

프랑스 대혁명이 한창이던 1793년 8월 10일 루브르 박물관이 개장했다.

박물관에는 국가 재산으로 귀속된 왕정의 진귀한 보물들은 물론 귀족들과 성직자들이 소장한 공예품들을 전시하게 되었다. 나폴레옹시대에는 독일, 벨기에, 이탈리아 원정에서 노획한 유물들과, 고고학 활동을 통해 인수하고 복원한 작품들이 들어왔을 뿐만 아니라 '머나먼 세계'의 유물들을 포함하는 등 수없이 다채로운 작품들을 소장하게 되었다.

　루브르의 '대설계'는 결국 19세기 후반기에 나폴레옹 3세에 의해서 마무리되었다. 루브르에는 박물관과 행정 부서가 위치하게 되었고, 튈르리 궁은 1789년 이래 진정한 권력의 중심지로 떠올랐다. 이러한 이유로 인해 1871년 코뮌시대에 튈르리 궁이 불태워졌고, 결국 이 왕정의 상징을 없애자는 공화국의 결정에 따라 1882년에 궁이 파괴되었다. 오늘날에는 끝 쪽에 위치했던 몇몇 동과 정원만이 복원되어 남아, 야외 조각 컬렉션이 있는 샹젤리제 거리 쪽을 바라보고 있다.

프랑수아 미테랑 대통령이 1981년에 시작한 '대 루브르 박물관' 건립 계획에 따라, 박물관의 공간, 고대 왕실, 고대 갤러리를 복원한 것은 물론 재무성이 사용하던 건물을 박물관에 편입시켰다. 중국계 미국인 건축가 이오밍 페이가 디자인한 박물관 입구 홀의 유리 피라미드는 세계 3대 박물관 중 하나인 루브르 박물관의 심벌로 자리 잡게 된다.

오늘날 여러 작품 컬렉션과 다양한 박물관 서비스 시설이 루브르 궁전의 대부분을 차지한다. 오리엔트, 이집트, 고대 그리스 로마 컬렉션은 대부분 박물관 3관의 반지하층과 1층에 각각 위치한다. 북쪽에는 리슐리외관, 동쪽에는 쉴리관, 남쪽에는 드농관이 위치한다. 조각 컬렉션의 경우, 프랑스 조각들은 리슐리외관에, 외국 조각들은 드농관에 자리한다. 공예품은 리슐리외관의 2층 대부분을 차지하고, 아폴론 갤러리에서도 찾아볼 수 있다. 회화작품들은 대갤러리뿐만 아니라 드농관의 2층, 정방형 궁정 주변의 쉴리관의 2층에 전시되어 있다.

수많은 전시실의 장식들은 루브르의 역사를 상기시켜준다. 그리스 조각을 본뜬 로마 조각으로 장식한 고대 르네상스 전시실, 브라크가 그린 그림으로 천장을 장식한 앙리 2세의 부속실을 포함한 왕가의 아파트, 로마 조각작품이 전시된 소갤러리의 1층에 위치한 오스트리아 안느 공주의 여름용 아파트, 이집트 예술작품들이 전시된 주랑 통로에 위치한 목재실, 리슐리외관에 위치한 나폴레옹 3세의 아파트 등이 있다. 고대 문명의 역사와 발견을 상기시켜주는 장식의 샤를 10세 전시실, 고대 코르사바드의 유물과

17~19세기 실내용 조각작품들을 전시한 천장이 있는 궁정 등, 이 공간들 역시 초기부터 박물관의 컬렉션을 전시할 수 있도록 설계되었다.

오늘날 루브르 박물관은 역사적인 작품을 한데 모아놓았을 뿐만 아니라, 현대작품들을 위해서도 많은 공간을 할애하고 있다. 센 강변을 따라 늘어서 있는 거대한 루브르 건물에서만 전시가 이루어지는 것은 아니다. 튈르리 공원에서는 조각 컬렉션을 보충하여 전시하고 있으며, 외젠 들라크루아가 직접 설계, 1857년에 건립된 생제르맹데프레 구역의 아틀리에는 기적적으로 보전되어 1971년 국립 미술관이 되었고, 2004년부터 루브르 박물관에 예속되었다.

지름 240미터의 원형 광장에 서 있는 높이 50미터의 건축물로 프랑스 역사에서 영광의 상징인 개선문은 콩코르드 광장에서 북서쪽으로 2.2킬로미터 거리에, 샹젤리제 거리의 끝 부분에 위치해 있다.

개선문과 그 주위를 둘러싼 샤를 드골 광장은 파리에서 가장 유명한 장소라고 말할 수 있다. 샹젤리제를 비롯해 12개 대로가 이곳으로부터 출발하여 방사형으로 뻗어 나가는데, 이 광장이 에투알(étoile, 별) 광장이라고도 불리는 것은 이런 이유에서다. 개선문은 1806년 승리를 기념하기 위해서 나폴레옹의 명령으로 착공되었다. 전사한 무명용사의 시신이 중앙 아치의 밑에 묻혔고, 매일 저녁 6시 30분에는 이들을 기리기 위한 불꽃이 타오르는 것을 볼 수 있다.

샹젤리제 거리는 세계적으로 유명한 길이 2킬로미터의 대로(大路)다. 거리 양쪽에는 이름난 상점, 식당, 영화관, 여행사가 즐비하며 노천카페가 아름다움을 더해준다. 리도 쇼를 볼 수 있는 리도 극장도 이곳에 위치한다.

개선문에서 샹젤리제 거리를 끝까지 걸었는데, 건축물의 일관성에 또한 감탄할 수밖에 없었다.

에펠탑은 프랑스 혁명 100주년인 1889년에 세운 높이 320.75미터의 탑으로, 구스타브 에펠이 만국박람회를 기념하여 세운 파리의 상징이다. 탑 아래 위치한 샹드마르스 공원 왼쪽에는 나폴레옹의 유해가 묻힌 앵발리드가 있고, 그 근처에는 로댕 미술관이 자리 잡고 있다. 엘리베이터를 타고 정상의 전망대까지 올라갈 수 있으며, 건너편 샤이요 궁에서 보는 에펠탑의 야경은 실로 장관이다.

저녁공양을 마치고 우리 일행은 바또무슈 선착장에서 센 강의 풍광을 즐길 수 있었다. 우리 한강보다 길거나 넓거나 깨끗한 것은 아니었지만 주변 경관이 참 아름다웠고, 파리 시내 중앙을 한눈에 볼 수 있어서 좋았다.

센 강은 프랑스 북서부를 흐르는 강이다. 몽타셀로 산 근처에서 발원, 부르고뉴, 파리 분지, 노르망디 등을 거쳐 영국 해협으로 빠져나간다. 철도가 건설되기 전에는 교통상으로 중요한 역할을 담당해왔다. 선착장에서 배를 타면 먼저 알마 다리와 알렉상드르 다리를 거쳐 오른쪽으로 앵발리드, 부르봉 팔레, 레지옹 훈장 박물관, 오르세 박물관, 국립 미술관, 프랑스 학사원, 조폐국, 콩시에르주리 재판소, 노트르담을 볼 수 있다. 생 루이 섬을 거쳐 돌아가면 시청, 루브르 박물관, 콩코르드 광장, 그랑 팔레, 개선문, 샤이요 궁, 라디오 방송국, 파리 자유의 여신상, 에펠탑이 보인다. 에펠탑의 야경은 시와 그림이 필요 없는 무언의 예술 그 자체였다.

영욕이 교차한 왕궁, 베르사유

베르사유 궁전은 1634년에 세워진 루이 13세의 사냥 별장이다. 그의 아들인 루이 14세에 의해 1661년부터 2년간 중·개축을 하면서 1682년 공식적인 왕궁으로서의 기능을 하게 되었다. 1789년 프랑스 대혁명으로 루이 16세와 왕실이 파리로 옮겨 갈 때까지 베르사유 궁전에서 왕실 가족과 정부가 107년간 머물렀다.

1710년 왕실 성당이 건립되었고, 1715년 루이 14세가 서거할 때까지 왕궁 증축이 계속되어 현재의 궁전 모습을 갖추게 되었다. 혁명 후 왕실이 떠나 베르사유 궁전은 왕궁으로서의 기능을 상실했고, 1870년 보불 전쟁 때 프러시아 군사 정부가 주둔했다. 1871년 1월에는 프러시아 왕 빌헬름 1세가 '거울의 방'에서 독일 황제가 되는 대관식을 갖기도 했다.

이 굴욕적인 역사는 1919년 제1차 세계대전을 매듭짓는 강화 조약(베르사유 조약)을 통해 설욕하게 된다. 또한 이 궁은 제2차 세계대전 당시 연합군의 야영장으로 쓰이기도 했고, 오늘날에는 프랑스 대혁명 이후 마지막 왕이 된 루이 필립 왕에 의해 역사 박물관이 되어 많은 관광객을 맞이하고 있다. 참고로 왕궁의 면적은 2만여 평, 방의 개수는 700개, 그리고 정원의 총 면적은 2,400만 평(현재는 250만 평)이다.

궁전 뒤편으로 가면 태양왕 루이 14세에 의해 정원사 르노트르가 설계한 대정원이 나온다. 혁명 이전까지는 2,400만 평이었지만, 현재는 250만 평인 숲과 정원이 남아 있다. 지금도 아름다운 조각 분수들과 기하학적 조경의 잔디밭, 거대한 운하 끝으로 이어지는 대정원은 서쪽을 향해 무한한 심오함을 느끼게 해준다.

궁전 안에는 왕실 성당, 헤라클레스의 방, 왕의 방, 거울의 방, 왕비의 방, 전쟁의 갤러리가 있다.

베르사유 궁전을 끝으로 점심공양을 한 후 우리 일행은 샤를드골공항으로 향했다. 여행은 끝났다. 이제 귀국할 시간이었다. 공항에서 KE902편으로 출발, 한국 시간 8월 1일 오후 2시 45분에 인천공항에 도착했다.

독일 일정을 제외한 11박 12일의 긴 순례를 무사히 마친 스님들. 각자의 수행처로 돌아간 그들 모두 순례 길에서 만난 크고 작은 이미지들을 가슴에 담아 좋은 에너지로 만들고 있을 것이다.

국경을 넘을 때마다, 또 안내자가 없을 때마다 간간히 우리에게 지식과 상식 보따리를 풀어주신 미국 조지아대학 이항순 박사님, 통역과 재치 있는 사회로 우리의 피곤을 풀어주었던 여성개발원 진우기 보살님, 시골에 묻혀 사는 내게 이런 넓은 곳에서 가슴을 열어갈 수 있도록 이끌어준 혜원 스님께도 고마움을 전한다.

소통의 길
― 유럽 연수를 다녀와서

떠남은
단순히
자리를 비우는 것이 아니라
진정 나를 만나는 길

그 길 위에
놓을 수 있는 것은 내려놓고
버릴 수 있는 것은 버리고
건질 수 있는 것은 건져
화장세계로 장엄한
신앙과 예술가의 만남.

그 영혼의 에너지는
수천 년이 지난
지금도 살아서
독일, 스위스, 오스트리아,
이탈리아, 모나코, 프랑스가
하나 되어

보내고 만나는
시간을
수없이 하면서
삶이
자라는 것을
바라볼 수 있게 하는
소통의 길이었다.

그 길 위에
나는
진정 나를 바라보며
나를 만나고 있다.

－《운문지》, 2007년 겨울호

정운 스님을 말하다

"수행을 멀리에서 찾지 말았으면 좋겠습니다.
매일 만나는 사람, 하는 일들마다 수행을 찾을 수 있거든요.
오늘 밖에 나가 만나는 사람 한 사람 한 사람이,
모두 다 나의 불세계에 있는 사람들이니까요."

동문 스님을 찾아서 1

글•무념 스님
- 《승가대신문》 2003년 10월 13일자

아침저녁으로 불어오는 서늘한 바람은 옷깃을 더욱 여미게 하고 이라크에 정규군을 파병하는 문제는 월남전에서 돌아오지 못한 용사들의 슬픔을 떠오르게 해 가슴 한구석이 더욱 저려온다.

이번 '동문 스님을 찾아서'는 본교 4회 동문이며 승려 시인으로 잘 알려진 충남 보령의 세원사 주지 정운 스님을 찾았다.

본교 사회복지학과를 1회 수석으로 졸업한 스님은 혜전대학 도예디자인학과와 군산대학교 산업도예학과를 졸업했다. 현재 대한불교청소년교화연합회 보령시 지부장과 청소년유해환경 감시단장, 청소년지원센터 소장, 청소년자원봉사센터 소장 등을 역임하고 있다.

기자들을 맞이한 스님은 과거 어려움 속에서 탁발과 화주(化主)를 받아

승가지를 제작하던 안암학사 시절을 회상하셨다.

"현대식 시설의 김포학사에서 공부하는 학인(學人) 스님들이 학업에 전념해주길 바랍니다. 또한 전통적인 승가 교육을 받으면서도 빠르게 변모하는 정보화시대의 흐름에 뒤처지지 않는 승가인이 되는 것이 중요합니다. 비구, 비구니 스님들이 한곳에 모여 공부하는 것에 대하여 비판적인 시각을 가지고 있는 사람들이 많지만, 이는 중앙승가대학에서 살아보지 않은 사람들의 노파심일 뿐입니다. 삭발하고 염의(染衣)한 출가 사문의 본분사는 경계에서 흔들리더라도 향상 제자리로 돌아오기 마련이니까요."

보령에 자리 잡고 세원사를 짓던 즈음부터 스님은 어린이 법회에 관심을 갖기 시작했다. 그러나 지역의 여건과 사찰의 재정 형편 때문에, 시작한 지 5년 만에 어린이 법회를 접어야 했다. 하지만 여기서 끝내지 않고, 스님은 사찰 밖으로 눈을 돌려 법회를 찾기 시작했다. 먼저 보령의 전문대학에 법회를 열어 청소년들을 만났다.

"감수성이 예민한 시기의 청소년들에게 불교적인 색채를 강요하지 않고 이질감을 느끼지 않도록 접근하는 것이 중요했어요. 누구나 한 번쯤은 겪어야 하는 가치관의 혼란기를 슬기롭게 헤쳐나갈 수 있도록 지도해가는 것이지요. 그러기 위해 시(市)와 밀접한 관계를 유지하며 청소년복지와 지도를 병행해나가고 있습니다. 이러한 과정 속에서 청소년들이 부처님에 대하여 간접적으로나마 느낄 수 있도록 노력하고 있지요."

넓은 바다와 같은 마음으로 청소년의 아픔을 이해하는 스님, 높은 가을 하늘을 동경하듯이 항상 배움에 대한 열정을 불태우고 있는 스님의 모습에서 또 다른 수행의 길을 엿볼 수 있었다.

마지막으로 스님의 시집 『그대 그대 자신으로』에 실린 시 한 편을 소개한다.

하심(下心)

출가하는 마음이든 가출하는 마음이든
잘난 체하고 싶음이 한 줌씩 돋아날 때
인식의 부피는 관념의 넓이로 꺾이고 휘어지고
또다시 이어져
보이지 않는
모양으로 이룰지라도
그 긴 예습과 복습이 필요 없더라.

동문 스님을 찾아서 2

글·운문 스님
- 《승가》, 2009년 제25호

누구나 그렇겠지만 학교에 있으면 학교의 고마움을 잘 느끼지 못한다. 잘 정돈된 교정과 강의동, 부족함이 없는 수행관, 교수 스님들을 위시한 대학 본부의 헌신적인 노력과 동문 선배님들의 말 없는 뒷받침. 이런 것들이 어우러져 한국 불교의 미래를 이끌어갈 선지식(善知識)을 양성하는 학교가 운영되고 있음을, 재학 중에는 잘 깨닫지 못하는 것이다.

이렇게 좋은 환경 속에서 살면서도 학인 시절에는 항상 똑같은 공양이나 부족한 편의시설 등에 대한 불평을 늘어놓게도 된다. 더 열악했던 환경에서 훌륭히 수행하고 세상으로 나아간 선배 동문 스님들을 뵙자면 오직 부끄러울 뿐이다.

과거에 스님들은 종단분규라는 그 어려운 시기에도 "한국 불교의 미래는 교육밖에 없다"며 학교를 세우는 원력을 과시하셨다. 또 스스로 학인의 신분이 되어 학교를 다니고 또 이렇게까지 학교를 키워오셨다. 초창기의 학인 스님 중에 4회 정운 스님도 계셨다.

"내가 승가대학에 입학한 것은, 당시 무기력증에 빠져 있던 종단의 도움 없이 학생 스스로가 만들어가는 학교라는 점 때문이었지요. 선배님들이 2년제로 졸업하고 난 뒤 우리 학번은 학교의 안팎살림을 맡아야 했습니다. 학교에 보탬이 되는 일이라면 어디든지 나섰고, 그러다 보니 공부에 열중하는 시간보다 인원 채우는 일에 동원되는 시간이 더 많았습니다. 나의 의지와는 상관없이 대중이 모두 움직이는 일이니까 따라야 했지요."

당시 비구니 기숙사의 경우 식량과 생활비가 부족하여 매일 소임자가 탁발을 나가야 했다고 한다. 하지만 스님들은 여기서 멈추지 않았다. "중생이 불교 속으로 오지 않으면 불교가 중생 속으로 가야 할 것"이라며 지금 우리가 보고 있는 교지 《승가》의 편집 발행까지 시작했다. 교사 건립비용을 탁발해서 지금 개운학사에 있는 지혜관을 건립하기도 했다.

4회 선배면 재학 중인 스님들과는 거의 30년 차가 난다. 은사 스님으로도 한참 은사 스님이다. 그런데도 스님은 아직도 공부를 계속하고 계시는 학인 스님이시기도 하다.

"요즘은 아동복지학과 박사과정 논문을 쓰고 있어요. 지금 같이 일하고 있는 직원들이 모두 석사 출신들이에요. 그런 지식인들과 프로그램을 짜고 아이템을 내고 해야 하는데 관장이라고 모르면 안 되잖아요. 사찰을 건립하고 포교하는 틈틈이 4년제 정규대학을 1학년부터 다시 다니고, 석사까지 마쳤지요."

그래서인지 스님은 상좌들에게도 종종 당부하신다. 스님이라고만 생각하지 말고 스스로 발전할 수 있도록 하고 싶은 것은 다 해보라고 말이다.

"저도 어렸을 때는 어른 스님들에게 야단도 많이 맞고, 승가대학 다닐 때는 이리저리 방황도 좀 했어요. 그러면서 제 끼를 발견할 수 있었던 것 같습니다. 도자기에 흥미가 있고 관심도 있어서 전시회도 많이 가보고 하다 보니 나도 할 수 있겠다는 생각이 들더군요."

그렇게 도자기를 배웠고 또 이를 매개로 시작한 것이 청소년 포교였다.

스님이라는 존재 자체가 포교

"도자기를 만들면서 물레를 돌리고 흙을 만지다 보면 집중이 굉장히 잘 돼요. 거기에만 집중하지 않으면 작품이 나오지 않거든요. 조금만 딴생각을 하면 그릇이 비뚤어지고, 기계가 엉키고, 내가 의도한 대로 안 되지요. 내 영혼을 다 바쳤을 때 좋은 작품이 나와요. 다른 사람들에게 가르칠 때도 말한답니다. 모양이 잘 나오고 못 나오고를 따지지 마라, 얼마만큼 집중하고 얼마만큼 혼신의 힘을 다해 이것을 빚었느냐만 생각하라. 그럼 거기에 당신의 모든 기운이 들어가고, 혼이 들어가고, 그것이 불에 구워져서 나왔을 때 예술이 되는 거다."

이렇듯 수행의 방편으로 도자기를 굽는다든지, 혹은 스님들이 자주 마시는 차를 수행의 도구로 삼는다면 어떨까.

"스님들이 절에 앉아서 포교, 포교만 반복할 게 아닙니다. 눈 돌리면 할 일들이 엄청나게 많아요. 스님이 사회에 나가 뭔가를 한다면, 그 자체가 큰 포교 아닐까요? 보령 지역은 우리 불교의 큰 불모지입니다. 불자층이 최고로 저조한 곳인데, 이런 곳에서 스님들이 모두 청소년 관련 사업을 하고 있 다는 것 자체가 큰 포교라고 생각해요."

청소년지원센터, 청소년유해환경감시단, 청소년자원봉사센터, 청소년문화의집을 아우르는 보령시 불교청소년연합회 등 스님은 몸이 두 개라도 모자랄 정도로 바쁘게 활동해오고 있다. 아무런 연고도 없는 곳에 내려와, 텅 빈 고추밭에 블록 벽과 슬레이트 지붕으로 세원사 법당을 짓던 일, 어린이 법회를 시작으로 어머니 몇 분으로 처음 열게 된 가족 법회, 청소년 교화 활동이 단순 종교 활동으로 치부될까 봐 시내에 사무실을 내면서까지 공들인 청소년복지 활동 등. 스님의 남다른 열정과 기도가 있었기에 이렇듯 보령에 거대한 청소년 포교의 핵심이 들어설 수 있었으리라.

그래서 스님은 항상 바쁘다.

"매일매일 청소년문화의집 사무실에 출근도 해야 하고, 또 절에 오면 절에서 사람 만나고, 또 저희 절에는 공양주도 없어서 스님들이 식사도 다 준비해야 한답니다. 집 관리도 제가 다 해요. 틈나는 대로 호미 들고 풀 매고, 잔디밭 가꾸고, 연(蓮) 밭 가꾸고 그렇게 살아요. 그러지 않으면 못 살아나가죠, 시골에서. 사람들 인건비 아껴서 그걸 밖에 환원하며 그렇게 살고 있어요."

마지막으로 스님은 학인 스님들에게 당부하셨다.

"수행을 멀리에서 찾지 말았으면 좋겠습니다. 매일 만나는 사람, 하는 일들마다 수행을 찾을 수 있거든요. 오늘 밖에 나가 만나는 사람 한 사람 한 사람이, 모두 다 나의 불세계에 있는 사람들이니까요."

세원사 법당을 나서며, 스님을 따라 보령시 청소년문화의집을 들렀다.

시내 한가운데 지은 지상 3층 청소년문화의집은 1층에 인터넷을 할 수 있는 컴퓨터실과 영화관이 있고, 2층에는 청소년 댄스 활동을 위한 연습실과 록 음악을 연주할 수 있는 연습실, 노래방과 동아리방이 들어서 있었다. 3층에는 공연, 전시회를 할 수 있는 다목적 강당이 있었다. 보령이라는 작은 도시의 청소년시설로서 다른 어느 지역보다도 훌륭하게 지어져 잘 운영되는 것 같았다.

"시내 나가면 나도 모르는 아이들이 '스님 안녕하세요' 하고 인사를 해요. 그럼 내가 또 저 작은 아이들에게 부처님 씨앗을 만들어주었구나, 하는 생각이 들어요."

잠깐의 방문이고 또 잠깐 뵌 선배 스님이지만 동문을 만나고 돌아오는 발길은 가볍기만 했다. 나도 저 선배님과 같은 승가인이라는 게 얼마나 자랑스러웠던가.

길 위에 길이 있다

글•노귀남(불교포럼 실행위원장, 세종연구소 객원연구위원)
－《불광》 2005년 5월호

　한내[大川]의 바다는 잔잔했다.
　모래사장을 치면서 한바다의 맥박을 일깨워주는 파도소리가 없었더라면 호수가 아닌가 의심했으리라. 정운 스님과 함께 대천해수욕장까지 온 것은 보령시 청소년이동상담실 겸 유해환경이동감시단을 둘러보기 위해서였다. 청소년 사업을 구석구석 스며들게 한 비구니 스님의 힘이 예사롭지 않았다. 마침 상담 활동 근무교대 시간에 그곳에서 두 사람의 자원봉사자를 만났다.
　고수자 씨는 배운 만큼 봉사 활동함으로써 자녀 교육에 큰 도움을 받고 있다고 했다. 김명자 씨는 직장생활을 하면서도 틈틈이 활동하는 것을 자기 딸이 더 좋아한다고 했다. 사람들에게 안으로 밖으로 미치고 있는 봉사 활동의 힘이다.

　그렇게 스님과의 만남에서 이뤄지는 일들은 삶 속으로 잔잔하게 파급되고 있었다.

　　나의 매일은
　　너의 혼신이 되어
　　어둠을 울며
　　아침 새가 되고 싶었다.

　정운 스님의 시 「타다 남은 촛불」이다. 여명을 몰고 오는 아침 새, 이것은 스님이 꿈꾸는 세상의 원을 상징할 것이다.

　스님은 청소년 사업만 하는 것이 아니라 수필집, 시집도 여러 권 냈다. 도자기도 만들었다. 세원사 법당의 처마는 상현달처럼 둥글게 처리되었고, 법당 안은 팔각을 이루고 있다. 팔정도(八正道) 육바라밀(六波羅蜜)을 형상화한 것이다.

　정원에는 도자기와 옹기 작품들이 설치되어 있었다. 스님은 군산대학교 예술대학 산업도예과를 작년에 졸업하고 올해는 아동청소년복지학을 전공하기 위해 대학원에 입학했다.

　그토록 많은 일을 벌이고 있는 이유는 단 하나. 스님은 모든 것의 초점을 포교와 수행에 맞추고 있었다.

왜 시중으로 나왔는가

 스님은 입산하여 스승처럼 수좌의 길을 걷고자 했다. 그러나 선방 공부가 생각과 달라 승가대학에 진학했다. 학비를 대기 위해 일요일마다 법련사의 어린이 법회를 맡는 아르바이트를 했다. 그때부터 한 사람이 움직임으로써 많은 사람에게 도움을 줄 수 있는 봉사 활동을 수행으로 삼았다.

 "깨달음을 얻지 못하고 산속에 있었다면 아무것도 이루지 못했을 거예요. 내가 움직이는 것이 불교이고 수행이죠. 승복을 입고 움직이는 모든 게 포교입니다. 사회 활동은 일반인들에게 다가갈 수 있는 좋은 방편입니다. 도자기를 만들 때 기도를 담고, 그것을 사람들에게 건네면 그 기도가 전해집니다. 글을 쓸 때는 나를 비우지 않으면 안 됩니다. 책을 통해 나의 성찰과 부처님 가르침을 줄 수 있으니까요. 사람들에게 내가 쓴 책을 읽게 하면, 그것이 또 포교가 될 테죠."

 이제는 탄탄한 기반 위에 올려 세운 포교의 현장을 설명하는 스님. 하지만 보령에 처음 왔을 때에는 절도 불자도 없었다. 승복을 입은 스님에게 '아줌마'라고 부르는 소리를 듣고는 이곳에서 불법을 펼 것을 결심했다.

 세원사를 지었다. 원을 세워서 10년 후 사회에 환원하겠다고 결심했고, 뜻한 대로 청소년 사업을 시작했다. 1995년부터 청소년단체 지부를 부탁받고, 청소년이 찾아오기를 바라지 말고 찾아간다는 의미로 시작한 일이었다.

 청소년자원봉사센터를 절에서 운영하다 보니 다른 종교인들이 접근하기 어렵다는 점을 알고 시내에 사무실을 열었다. 보령시가 청소년상담센터 운영을 부탁해서 또 맡게 되었고, 청소년유해환경감시단도 함께했다. 거의 황무지 같은 상황에서 3년 동안 혼신을 기울이다 보니 성과가 나타나기 시작했다. 여기에 청소년문화의집을 짓는다면 학생들이 찾아와서 참여하는 일들을 할 수 있지 않을까. 보령시에 정책 제안을 했다.

길 위에 길이 있었다. 사업의 방법과 뜻을 넓혀나가면서 후원자를 만났다. 스님의 생각을 이시우 보령시장이 받아들여, 2005년 4월 7일 보령시 청소년문화의집을 열 수 있었다. 이 시장은 스님의 청소년 사업에 오랫동안 매월 1만 원씩을 낸 후원 회원이었으니, 참으로 뜻깊은 일이었다.

청소년 사업의 성과로 2000년에는 국무총리상을 받고 2004년에는 '청소년이 살기 좋은 곳'으로 보령시가 대통령상을 받을 정도로 전국에서 모범이 되고 있다고 한다.

스님은 자원봉사와 사회 활동이 '회향'과 '보시'라고 했다. 스님은 어렵게 불교를 가르치지 않았다. 스님의 창작 활동, 공부 모두 아이들에게 회향하기 위해 눈높이를 맞추는 일이었다. 공부에 쫓기고 시간이 없는 청소년의 현실을 감안해서 한 자리에서 참여를 이끌어내도록 '원 스톱 시스템'으로 문화의집을 운영했다. 자원봉사, 동아리 활동, 상담, 유해환경 감시, 교육 등 다양한 프로그램으로 누구나 쉽게 찾아가고 찾아오도록 만들었다. 청소년 문제를 예방하고 청소년들의 적극적인 창조 활동을 이끌어내기 위해 그들의 다양한 욕구와 취향에 맞춘 것이다.

다양성은 우리 시대의 중요한 화두이다. 불성처럼, 누구에게나 있는 개성을 통해 자기실현을 꿈꾸는 세상에서, 불교 포교의 장 또한 시대의 양식을 읽지 않을 수 없다. 그것은 스님이 스스로 공부를 멈추지 않으며 길 위에서 길을 찾는 이유일 것이다.

몰입의 체험을 나눈다

그런데 세상의 방편으로써 얼마만큼 불법에 다가가게 할 것인가. 스님이 참선, 기도의 수행을 시(詩)나 도자기를 통해서 이룬다는 것은 어떤 의미인가.

스님은 2004년 졸업작품전에 전시한 도자기 <산에 사는 물고기>를 만든 과정을 설명했다. 물고기 형상에서 뭔가 간절하게 바라고 있는 기운을 느낄 수 있었는데, 그 목어처럼 스님은 살고 있고 또 살아가고 싶어 한다.

목탁처럼, 항상 깨어서 수행함을 상징하는 목어. 목어가 장작 위에서 불타올라 꼬리를 치며 하늘로 승천하는 것은 다름 아닌 해탈의 의미이다. 스님은 모든 것을 잊고 일체감을 느끼면서 형상 작업을 했다. 다른 기도를 통해서는 그런 감동을 별로 느끼지 못했는데, 말로써 다 설명할 수 없는 삼매의 기쁨이 거기에 있었다.

"불에 들어갔을 때, 단 한 번에 가마에서 원하는 모양, 빛깔이 나왔어요. 내 기운이 그대로 전달되었다고 생각합니다."

몰입이 주는 깊은 희열은 법열과 같은 것이다. 스님은 그렇게 생생한 체험을 나누는 데서 포교의 의미를 찾았다. 스님은 지금 도자기 공방을 짓고 있다. 도자기를 하면서 차를 접하고, 흙을 만지며 감성을 일깨우는 일 등의 체험을 통해 아이들이 스스로 삶을 발견하기를 바란다.

세원사에는 공양주가 없었다. 직접 음식을 만드는 것까지 수행으로 삼고, 정성과 기도를 사람들과 나누었다. 스님은 이와 같이 일상생활 가운데서도 부처님 가르침을 회향하도록 불자들을 가족 법회, 청소년 법회로 이끌고 있다.

보령 지역 청소년들의
꿈과 희망터

글·정민철 기자
- 《뉴스저널》 2009년 7월호

충남 보령시 대천동에 위치한 보령시 불교청소년연합회(관장 정운 스님). 보령 지역의 미래 꿈나무들에게 끊임없이 물을 주고 에너지를 쏟아 넣는 청소년단체들이 모여 있는 곳이다.

2005년 4월에 개관한 깨끗하고 아담한 건물에 보령시 청소년문화의집, 보령시 청소년지원센터, 청소년자원봉사센터, 청소년유해환경감시단 등의 보령시 청소년단체들이 자리하고 있는 이곳은 한 달 평균 5,000여 명의 청소년들이 이용하고 있다고 한다.

불교 발전의 미래인 청소년 포교에서 중요한 역할을 하고 있는 이곳은 충청남도 서해안 내포 아랫부분에 위치한 보령에 있는 사찰, 세원사이다. 이곳의 주지 정운 스님의 불연으로 세원사는 현재 이 지역 청소년 포교의 가장 핵심적인 역할을 하고 있다.

"처음 이곳 보령에 세원사를 세우면서 남과 더불어 이득을 다시 사회로 환원하자는 원을 세웠습니다. 나와 남이 더불어 할 수 있는 회향을 찾아 나선 것입니다. 그것이 바로 청소년 사업입니다. 청소년 사업은 눈에 보이지 않는 미래에 대한 투자입니다. 미래의 꿈나무에 끊임없이 물을 주고 에너지를 쏟을 것입니다."

보령시 불교청소년연합회는 이 지역 청소년들의 건강하고 성숙한 삶을 북돋우는 다양한 상담 서비스를 제공하고, 자원봉사 활동에 청소년들의 자발적인 참여를 유도함으로써 인성과 덕성을 함양하는 등 청소년 육성 이념을 실천하는 체험 활동을 제공하고 있다.

또한 이곳에서는 청소년을 유해 환경으로부터 보호·선도하여 탈선을 예방하고 청소년들이 건전하게 자라나는 데 기여하고자 한다. 청소년이 자유롭게 문화예술을 체험할 수 있는 공간과 자신의 여가시간을 활용할 수 있는 공간을 제공하여 다양한 청소년 문화를 창출하고 청소년들의 자기 계발 활동을 지원하고 있다.

세원사가 위치한 곳은 오서산의 남쪽, 성주산의 서쪽으로 경치가 아름다운 지역이어서 이곳을 불은(佛恩) 가득한 '만세보령'이라고 부르기도 한다. 절에서 바라보는 전망은 구만리장천을 뻗어가는 것 같은 시원함이 느껴진다.

지금의 세원사가 있는 자리는 원래 절이었던 곳은 아니다. 세원사는 본래 고추밭이었던 것을 개간하여 만든 부처님 도량으로서 1989년 정운 스님에 의해 창건되었다.

세원사 창건은 스님이 이 지역에 오게 된 것에서부터 시작된다. 우연한 기회에 이 지방에 첫 나들이를 하게 됐는데, 시내버스 안에서 어떤 아주머니 한 분이 스님을 보고 '아줌마'라고 부르는 통에 깜짝 놀랐다고 한다. 종교가 불교가 아니더라도 회색 옷차림을 한 사람을 '아줌마'라고 부르는 이 지역에서 포교를 해야겠다는 생각에, 자질구레한 욕심들을 미련 없이 버리고 맨몸으로 뛰어들어 청소년 사업을 하게 된 것이다.

그동안은 참으로 어려움의 연속이었다. 너무 힘들어 외롭다는 생각이 들기도 했고, 유배지에 와 있는 듯 텅 빈 허탈감 속으로 빠져들 때도 더러 있었다고 한다. 그러나 그 모든 어려움을 이겨내고 오늘엔 보령 지역의 '청소년 지킴이'로 우뚝 섰다.

정운 스님은 석남사에서 성우 스님을 은사로 득도하여 그곳에서 사집(四集, 어린 승려들이 경전을 공부하기 전에 배우는 네 종류의 책)까지 배우고 운문사 승가대학에서 대교반을 졸업했다. 강원(講院, 승려들의 경전교육기관) 졸업 후 내원사 선원 3년 결사에 동참했으나 끝까지 마치지 못하고 바로 서울로 올라와 중앙승가대학교와 동국대학교 대학원에서 공부를 더 했다. 중앙승가대학교에서 사회복지학을 전공하며 아르바이트로 어린이 법회의 법사를 맡게 되면서 포교에 눈을 뜨기 시작했다고 한다.

그때부터 스님은 사회 환원이 바로 회향이라는 생각을 하게 되었고, 한 푼 두 푼 모아 부처님 전에 올리는 불전과 시주금이 헛되지 않게 하는 것이 부처님의 진정한 가르침이라고 생각하게 되었다.

정운 스님은 최근, 청소년지도사자격증을 가진 사람들을 대상으로 '세원아청문화육성회'를 조직하여 문화예술 분야에 대한 활동도 시작했다.

"청소년 문제는 누군가는 앞장서서 선구자 역할을 해야 합니다. 지금 당장은 표가 나지 않더라도 그것은 눈에 보이지 않는 미래를 위한 투자입니다. 보령시 불교청소년연합회가 앞장서서 우리 지역 청소년들의 건전한 문화 발전을 위한 밀알이 되겠습니다."

정운 스님은 건물 주위 환경 정화와 더불어 놀이공간이나 체육시설 등의 공간이 좀 더 확장되었으면 하는 바람을 갖고 있다. 보령시 불교청소년연합회가 있어 보령의 청소년들은 더욱 희망찬 미래 설계와 아름다운 꿈을 꿀 수 있으리라 기대해본다.

선새벽에 눈을 뜨면

2009년 8월 13일,
김래호 토마스 씀

선새벽에 눈을 뜨면 아내가 제일 먼저 떠오릅니다. 잠은 잘 잤는지, 병세는 차도가 있는지 궁금한 것입니다. 그리고 딸아이 방문을 열고 잘 자는지 살펴봅니다.

아내를 병원에 다시 입원시킨 지 벌써 3주가 지나갑니다. 불과 어제 같은데 방송생활한 지 22년, 결혼 21년차, 그리고 아내가 암 수술한 지 5년이 됩니다. 이 모든 시간들이 아침 산안개처럼 해 뜨면 사라지는 그만한 시간들로 느껴집니다.

정운 스님. 늘 고맙지만 다시 한 번 고맙다는 말씀을 드립니다. 글 중 가장 어려운 것이 '사람'을 대상으로 쓰는 글일 것입니다. 상대적이기 때문입니다. 『한비자』에 보면 제나라 왕이 자기 영정을 그릴 유명한 화가를 궁정으로 불렀습니다. 이런저런 이야기 끝에 "세상에서 어떤 그림이 가장 그리기 쉽거나 어려운가?" 하고 물었습니다. 화가는 "개나 말이 가장 그리기 어렵고, 귀신을 그리는 것이 가장 쉽습니다"라고 대답했습니다. 그렇습니다. 보이는 생물에 대해서는 누구나 품평할 수 있습니다. 그러나 귀신은 형체가 분명하지 않기 때문에 재연된 상태만 느낄 뿐입니다.

사람들의 마음도 귀신과 같아 무슨, 어떤 생각을 하는지 알 도리가 없는 법입니다. 문화는 그런 마음들을 표현한 것입니다. 그래서 글이나 화폭 또는 악보에서 사람의 마음을 읽어낼 수가 있습니다. 결국 문화라는 현상을 이해하는 것이 사람들을 아는 길이고, 집단성을 깨닫는 지름길입니다.

개나 말 같은 제 글을 꼼꼼히 읽어주시고 귀신처럼 알아보시니 정말 고맙습니다. 시간은 가고, 사람도 가는 것이 세상사 근원적인 이치입니다. 그런 순간들에서 만나고 부대끼고 사는 것이겠지요.

미워하고 원망하기에는 우리 시간이 너무 짧습니다.『문화에게 길을 묻다』책 한 권 속에 지난 20년이 그나마 '살아 있어' 참으로 다행입니다. 그것을 알아주신 것은 정운 스님뿐입니다.

산에 사는 물고기

1판 1쇄 인쇄 2011년 8월 27일
1판 1쇄 발행 2011년 9월 1일

지은이   정운 스님
펴낸이   김환기
펴낸곳   도서출판 이른아침
디자인   성지선 이솔잎
편 집   이단네 최진
마케팅   권명희
관 리   이민정

주 소   서울시 마포구 마포동 324-3 경인빌딩 3층
전 화   02)3143-7995
팩 스   02)3143-7996
등 록   2003년 9월 30일 제 313-2003-00324호
이메일   booksorie@naver.com

ISBN 978-89-93255-78-2 03810
정가 13,000원

* 잘못 만들어진 책은 구입하신 서점에서 교환해 드립니다.